U0943264

用一年时间重生

如何从0到1开启个人事业

娜里跑◎著

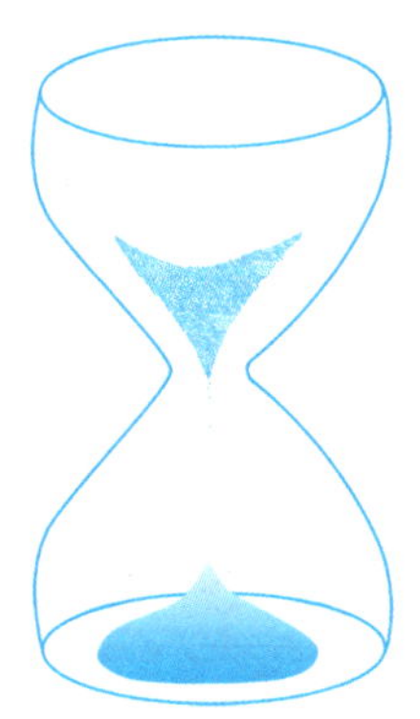

图书在版编目(CIP)数据

用一年时间重生:如何从 0 到 1 开启个人事业 / 娜里跑著 . — 武汉:武汉大学出版社,2019.6

ISBN 978-7-307-20967-1

Ⅰ . 用… Ⅱ . 娜… Ⅲ . 创业—基本知识 Ⅳ .F241.4

中国版本图书馆 CIP 数据核字(2019)第 109267 号

责任编辑:黄朝昉 许 婷 责任校对:牟 丹 版式设计:阎万霞

出版发行:**武汉大学出版社** (430072 武昌 珞珈山)

(电子邮箱:cbs22@whu.edu.cn 网址:www.wdp.com.cn)

印刷:保定市西城胶印有限公司

开本:880×1280 1/32 印张:8 字数:146 千字

版次:2019 年 6 月第 1 版 2019 年 6 月第 1 次印刷

ISBN 978-7-307-20967-1 定价:49.80 元

致我的爱人，

是你鼓励我忠于梦想

序言

preface

2015年，我在亲朋好友的错愕声中辞掉了令人艳羡的公务员工作，原本预设好的人生轨迹从此“脱了轨”。当时，我在日记里写道：**告别安稳，迎向未知。**尽管已经做好了面对困难的准备，现实还是给我重重地上了一课。无数次在夜深人静的夜晚捂在被窝里哭泣，问自己为何放着安稳的日子不过，要一个人出来“受罪”？我的梦想——支持每位女性唤醒潜能，活出自由丰盛的生命——看起来是如此的遥远又不切实际。一边是唾手可得的安逸，一边是充满风险的未知，我该如何选择？

最终我选择了那条困难的路。不是因为我有多勇敢，而是因为过去的经历告诉我：**容易走的路往往是下坡路。**如果我希望在四十岁以后过上真正自由安稳的人生，那么我就需要在二十几岁的时候开始去学习如何面对未知。毕竟生活本身就是一场未知之旅，与其想方设法建造一个能遮风挡雨的温室，不如练就一身能抵御狂风暴雨的本领。

如今，我“超前”实现了梦想：找到了自己的使命、优势，并发展成了事业；用一年时间重生，每年都能活出进阶版的自己；全球移动办公，极致地体验生活；用文字、咨询和个人事业孵化的方式，支持更多人活出高阶版本的自己。

我并没有显赫的家世，也没有过人的才智，只是从来没有放弃忠于使命。像我这样出身普通、家境普通、资质普通的普通人，都能按自己的意愿活出想要的人生，那么你也可以。

在这本书中你会了解到一种叫作“重生年计划”的个人成长方法。通过深刻的自我认识、知行合一、有市场价值的成长，由内而外搭建起你的个人成长系统。所谓用一年时间重生，就是每年在这个系统上不断升级，从点到面、从面到体、从体到生态。

如何使用这本书？

本书第一章、第二章从我个人经历出发，总结了开启个人事业的心法，阅读这两章你会从整体上了解什么是“个人成长系统”。第三章、第四章和第五章以真实案例为切入点，逐一为你介绍搭建个人成长系统的方法。阅读这三章你会对“如何明确自己的天赋热情？”“为什么学了这么多，还是过不好自己的人生？”“为什么努力了这么久，依然没有成效？”等问题产生新的理解。建议结合本书配套的工具手册完成相应练习，你将会收获一份专属于自己的个人事业企划书。最后两章重点分享了在完成定位之后，如何加速发展的思维方式和技巧工具。

回顾这四年，我自己就是用书中介绍的方法完成了从迷茫到清晰、从匮乏到丰盛、从局限到自由的自我升级之路。再回首，那些以为走过的弯路，穿过的迷雾，抖过的尘土，不经意间都成了征途。

希望通过这本书，我能和你同行一路。

目录

contents

第一部分　心法篇

第一部分

心法篇

第一章
与其等待生活给你答案，不如自己去发现

一、只要你还能阅读，生活就还有转机

生活就是一连串选择叠加的集合，选择读什么样的学校、做什么样的工作、跟什么样的人结婚、在哪座城市生活……最后就组成了人生。

2012年我大学毕业回到了家乡山区小城，以笔试、面试双料第一的成绩考入了当地政府办公室，成了体制内的一员。在父母眼里，我有一份体面稳定的工作，家里有房有车，下班后三十分钟就能回到家吃上热腾腾的饭菜，过几年再结婚生子，人生就圆满了。

起初，我的确很享受我的生活。体制内工作并没有想象中的那么清闲，每天跟优秀的同事和领导前辈学习，日子过得很充实。业余时间我喜欢读书，在文字的世界里我感觉身心自由，看见喜欢的书就忍不住想买，特别是原版外文图书，一本动辄上百元。每个月上千元的买书支出很快就让我步入了月光族大军。于是，在我23岁生日的时候，我买了一个Kindle送给自己当生日礼物。这下可好，我就像开闸放水一样，不看价格标签疯狂地购买电子书来看，再加上省去了物流和携带纸质书的不便，我看书的速度和数量都陡增，每两天就能读完一本20万字的书。

随着看的书越来越多，我的内心仿佛有一股力量在觉醒。我开始反思我的生活：我想成为什么样的人？我的梦想是什么？我的生活就是这样吗？当我离开人世的时候，我能给世界留下点什么？世界这么大，我想去看看！

我被自己的想法吓到了，暂且不说抛弃稳定的生活，去面对未知的未来我毫无底气，更何况父母肯定是会强烈反对的。从小就是家人眼中的乖乖女，怎么能做让父母伤心的事情呢？于是，我把内心向往更广阔世界的火苗强压了下去。

然而，我低估了内心觉醒的力量。一旦你听见了内心的声音，假装没听见只会让自己更痛苦。鲁迅先生在《〈呐喊〉自序》中这样写道：“假如一间铁屋子，是绝无窗户而万难破毁的，里面有许多熟睡的人们，不久都要闷死了，然而是从昏睡入死灭，并不感到就死的悲哀。现在你大嚷起来，惊起了较为清醒的几个人，使这不幸的少数者来受无可挽救的临终的苦楚，你倒以为对得起他们么？”

我就是那个被惊醒的人，发现自己在一间铁屋子里，无论如何也骗不了自己什么都没发生过。可是，我还是没有勇气迈出那一步。因为，我发现自己除了考试似乎什么也不会。在那一刻，我突然意识到，**如果孩子被培养来只是会考试、成绩好，等孩子长大以后那简直就是一场灾难。**

回忆大学期间，身边上海本地的同学从小学开始就有机会参加企业日、素质拓展等各种丰富的课外活动，而我这个从大山走出来的孩子连“托福”是什么都不知道。于是，我暗自许下一个诺言：要把大城市先进的教育理念和方法带到山区家乡，让孩子体验到学习的乐趣。这个念头让我热血沸腾，我决定要做点什么，我不能等待生活给我答案，我需要自己去发现。

当你内心种下一颗种子的时候，阳光和水就会适时来到。

每年七月都是家乡一年一度的火把节，单位放七天假。正值中小学放暑假，我就策划组织了一次公益夏令营，免费为家乡的小学生提供为期一周的素质拓展活动，让孩子体验一次跟传统应试课堂不一样的学习方式，学一学教科书上没有的，但却对生活更有帮助的知识。

我为这场活动取了一个激情的名字，叫飞越青春。我带着孩子们看动画片，然后分组让他们即兴改编故事并演成话剧；带着孩子们去田野里观察庄稼，然后让他们选择一种农作物写一篇作文，并在田野里组织了一次田野运动会；给孩子们每人发一瓶矿泉水，然后分小组让他们合作用矿泉水瓶设计一件作品……一周的时间很快就过去了，孩子们的表现简直超乎我的想象，当孩子们在最后一天家长日展示他们用矿泉水瓶做成的花篮、手机插座、装饰物的时候，家长们都惊呆了！这是他们第一次了解原来自己孩子的脑袋里有这么多奇思妙想！

孩子们非常喜欢这样的互动课堂，其中有一名叫小宇的学生在学校里成绩不好，经常受到老师和家长的责骂。夏令营第一天的时候，他选择坐在最后一排用睡觉来抗议父母把他送来“补课”。随着课程互动的进行，他逐渐活跃起来，有模有样地做田野运动会的小裁判，设计出了最具创意和实用的矿泉水瓶手机插座。当我在家长日颁奖环节念到小宇的名字时，他愣住了，好一会儿才反应过来上台领奖。后来，小宇的妈妈告诉我那是小宇上学以来第一次得奖，她从来没见儿子笑得这么开心。

飞越青春

连续一周跟一群精力旺盛的熊孩子玩耍、学习，还要保障安全，我整个人都被掏空了。送走家长和学生，我像摊烂泥一样累瘫在床上，心里却异常兴奋。我感觉自己很享受这个过程，也挺擅长做这类事情。

当时的我并不知道，这个发现影响了我日后的人生道路。

三、稳定的背后，藏着一场低胜算的赌博

当你尝到过梦想的滋味后，现实就如同嚼蜡。

给学生做了夏令营之后，我又举办了几次成人读书会，结

果发现周末大家更愿意去泡吧、打麻将。泡吧、打麻将也是一种生活方式，却不是我要的生活方式。我开始意识到，自己的探索触到了天花板，有的事情我能改变，比如下班后继续看书学习提升自己，为未来做准备；比如通过做公益来丰富自己的业余生活，探索自己的兴趣方向；比如即便工作上用不到，也常常背背单词、看看英文书保持语感。而有的事情却不是我一个人能改变的，比如城市氛围。

我想要一边兼顾体制内稳定的工作，一边追寻梦想的尝试遇到了瓶颈。生活的洪流把我推到了不得不做出选择的十字路口，就等最后临门一脚。而这一脚，很快也来了。

听说师兄辞职的时候，我非常意外。师兄是国内某知名政法大学的法学在读博士，比我早两年进入体制。我当时负责的岗位工作，他曾经也做过。同样是重点大学法学系毕业，同样是从大城市回到小城市，做过同一个岗位，让我自然地把师兄看成榜样。给师兄饯行的时候，我对师兄说他在我心目中就是勇士，做了一个勇敢的决定。师兄真诚地回复了我一句：**离开不是勇士，留下来的才是勇士。**

我知道师兄是在安慰我、勉励我。在体制内工作的两年，我见到很多才华横溢又谦虚的年轻人，他们在各自的岗位发光发热。不过说者无心，听者有意，师兄这句话犹如平地一声雷把我给惊醒了。是啊，留下来把未来交给等待和运气，就是交出了命运的主动权，还期待自己就是那万里挑一的幸运儿，这无疑是一场低概率的赌博，需要的勇气并不小。

工作没有优劣之分，重要的是适合与否。我向往自由，渴望创造，帮助孩子、同龄人、职场人、家庭女性发现自己的天赋，比写出一份被领导嘉许的公文更让我激动。从内心的觉醒，到小范围尝试确定自己的志向，再到长时间的深思熟虑，我做出了离职的决定。唯独不忍的是观念传统的父母知道我的决定后一定会很伤心。但是，我宁愿父母暂时不理解我的选择，甚至是责骂我，也不愿意因为自己的怯懦而拿父母当借口，最后却埋怨父母包办了我的人生，余生都活在“假如当初……就好了”的憾恨人生中。

四、未知不可怕，可怕的是对未知的恐惧

直面恐惧，就像阳光直视阴影。

离职之后，我揣着三万块钱的积蓄只身一人来到成都，正式开始了自己的蓉漂生活。我理想的生活是能自由地安排时间读书、写作，研究感兴趣的话题，创造有用的价值。虽然我不知道有什么样的工作是能付工资给我看书学习的，但是我很清

楚自己离职出来不是为了换一个地方继续打工的。**生活并没有因为我的踌躇满志就给我开绿灯，事实上，它开始了对我的一系列考验。**

整整三个月，我都没有任何收入。按照每个月三千块的生活标准，我只有十个月的时间。换句话说，如果十个月后我还没有收入，我就不得不去找一份糊口的工作了。为了压缩开支延长过渡期，我卸载了所有网络购物软件，只采购生活必需用品，最困难的时候连续吃了两个月的面条。

夜深人静时，也曾质疑过自己的选择。为什么放着舒适安逸的生活不过，要出来为了一个不确定是否能实现的自由生活受罪呢？也曾徘徊动摇过，要不要回家继续做一份稳定的工作，至少不用担心吃了上顿没下顿。直到有一天晚上，焦虑和压力再次袭来，我彻夜辗转难眠，非常痛苦，迷迷糊糊中我想象自己是动物园里的一只老鹰，被饲养员精心地饲养着。

我想象自己以老鹰的形态在动物园的一天：定时有饭吃，在有限的空间里盘旋，心情好的时候就给观光客表演一个低空俯冲，心情不好的时候就闭目养神。我试着去感受笼子里老鹰的心情——苍白无力和日复一日的平静。接着，我又想象自己是荒原上的一只老鹰，为了生存必须接受大自然残酷的考验，只有不断锤炼自己的生存能力，才能在大自然中活下去。我试着去感受峭壁上老鹰的心情，它站在悬崖上，俯视着脚下的原野，忽地振翅腾空冲下悬崖。风在翅膀间呼呼作响，老鹰飞过原野又飞过森林，期待着下一处风景。我沉浸在想象中，仿佛自己也跟着翱翔起来，身体变得轻盈，那自由的感觉棒极了！带着这份感觉，我问自己：还愿不愿意回到笼子里？

我想象自己回到笼子里，随着时间的推移，我越依赖笼子里的舒适生活，就越没有勇气离开，终其一生都在怀恋自由天空和内心恐惧之间挣扎。接着，我想象自己没有回到笼子里，继续学习如何在弱肉强食的大自然中生存。起初，自然的考验确实严峻，但是随着时间的推移，我逐渐熟悉了丛林环境，掌握了生存技能，能在更广阔的丛林中适应自如。**于是我明白了：挑战我的并不是荒原和未知，而是我内心的恐惧。**

战胜内心的恐惧

恐惧是正常的，它是自我保护的一种反应。在现代人眼里，没有收入就等同于没有吃的，求生的本能唤起了恐惧，表现在心理层面就是焦虑、压力，对未来倾向于悲观。表现在行为层面就是止步不前、动弹不得。这种恐惧曾经帮助我们的祖先从天气恶劣、猛兽出没的环境中幸存下来。遗传于我的祖先，我的恐惧也试图保护我。不过，我面临的外部环境并不像几百万年前祖先面临的那般恶劣，因此也不必像祖先那样恐惧。

我试着驯服我内心的恐惧，想象我的恐惧是一只忠贞不渝保护主人的猛犬，外界稍有风吹草动就会狂吠不止。我蹲下来，注视着这只高度警惕的猛犬，感觉它急促的鼻息和充血的眼丝。我看着它，温柔地看着它，抚摸它紧绷的后背，告诉它：好啦，我知道你想保护我。不过不用担心，我并没有实质的危险。只是现在这个地方我第一次来，还不适应，适应一段时间就好啦。

这样反复几次，心里恐惧的猛犬慢慢平复下来，我感觉大脑终于可以正常工作了，清晰地看到自己的处境：连续几个月零收入引发了恐惧反应，让我陷入了质疑低落的情绪泥沼之中。现在我找到了平复恐惧情绪的方法，但是还不够，我还需要一个实质性的进展，比如明确自己的职业方向。

五、挨过黎明前的黑暗，就是重生

不必知道你的每一步具体该怎么走，只需坚定方向，然后每次前行200米。

大学期间，我参加过一个叫JA（Junior Achievement）的全球志愿者活动，那是我第一次听说“职业规划”这个词，当时作为在校大学生缺乏职业体验，并没有意识到职业规划的重要性。如今，我正处在职业发展的十字路口，迈出了第一步，却不知道第二步在哪里。这个情景让我想起了职业规划，抱着试试看的心情我在网上检索相关信息，正巧发现了一门关于职业发展的网络课程，主讲老师是畅销书《拆掉思维的墙》的作者——古典老师。

这门职业发展课程给我打开了全新的一扇大门，我惊喜地发现：原来人生是可以规划的！如果我早一点接触职业规划，早一点学会这套方法，我就可以早一点明确自己的方向，省去多年的试错探索。职业规划，规划的其实不是职业，而是自己。它提供了系统的方法帮助我们了解自己，了解自己是谁，喜欢什么，擅长什么，追求什么，如何理解现状，如何应对未来。它是一门了解自己以及活出自己最好状态的学问。

这不正是我想从事的事业吗？帮助他人了解自己的优势和

愿景，并且把梦想活成现实。于是，网课结束后，我花了一个多月的生活费报名参加职业规划咨询师的培训，我想成为一名职业规划咨询师！在三天培训期间，我发现多数同修都是学校老师或是人力资源从业者，像我这样既不是心理学科班出身，又没有从事过人力资源工作，看起来还有点学生气的年轻人，实在是没有做职业规划咨询师的优势。这又让我陷入了困境，该怎么办呢？去考心理学研究生，毕业以后再做咨询？还是转行去做人力资源工作，积累工作经验后再说？不管哪一条路，都需要更多的时间来备考或者转行学习。三万块钱的积蓄已经用得差不多了，我快山穷水尽了。

就在我快撑不下去的时候，宇宙给了我第三条道路。参加职业规划培训的时候，我认识了一名90后小姑娘炼炼，她是课程的助教。后来，炼炼来成都约我参加同修聚会，在聚会上我认识了天使投资人范恩泽和几位咨询师前辈，大家都对职业规划非常认可，觉得值得让更多人了解和受益。

我们越聊越投机，决定一起创业做一个项目，在成都推广职业规划。我以市场运营和咨询师助理的身份参与，这不仅可以做我喜欢的事情——推广职业规划，帮助曾经跟我一样困惑的人明确职业方向，还能以咨询师助理的身份跟着几位优秀的咨询师前辈见习！免费见习！这对当时没有收入来源，又想快速成为优秀咨询师的我来说，简直就是一场及时雨！

那一刻，我再次体会到：当你全心全意想做一件事的时候，整个宇宙都会协同起来帮助你！

六、向内走，是光明的道路

人有两次生命，第一次是来到这个世界，第二次是知道自己为什么来到这个世界，一切始于觉知。

从学生时代开始，我就有给自己做年计划的习惯，每年的12月31日这一天一定是留给自己的。我会找一个安静的地方，回顾过去一年做的事情，然后制订下一年的计划。“学英语”“出国旅行”“减肥塑形”“自学心理学”……这些目标常年出现在我的年计划里，然后淹没在琐碎的日常生活中。做年计划这件事儿，似乎成了一场自我安慰，并没有实质性的作用。

改变发生在2015年12月31日。那一天，我奢侈地给自己订了一家高级酒店，那是我离职从家里出来后住得最舒服的一天。即便是在不如意的时候也相信未来是美好的，并力所能及地为自己创造一些美好体验，让现在的自己跟未来理想中的自己进行链接，这是支持我走出低谷的心法之一。

我坐下来开始给自己制订2016年的年计划。这一次，我并没有像往年一样简单地罗列零散的年度目标，而是认真地问自己：我要过什么样的人生？我不顾家人反对辞职离家，到底要追求一种什么样的生活？

对着电脑，我努力地在脑海里寻找答案。灵光乍现的“啊哈”时刻并没有出现，我有点茫然但是并不打算放弃，我告诉自己：虽然钱快花光了，但是我辞职离家不是为了换一座城市迷茫，也不是为了换一座城市领稳定的工资，更不是为了换一座城市继续过以前的日子。

我必须带着意义感去生活，每一天、每一分钟都要用来建造自己的理想生活。如果一味地等待“有足够时间，有足够金钱，家庭稳定”的时候才开始，我想我永远也无法开始。

“不管怎样，我今天一定要搞清楚自己到底要过什么样的人生。”我一边自言自语，一边翻着电脑上自己的笔记和文档。忽然，我翻到2014年的一条笔记，里面有一张照片，是我当时自由书写的结果：

> 先通过自己摸索，在一些领域自学有成，总结一些理论。然后到国外留学进修，进一步研究自学力，形成成熟的理论后全世界推广。让这套理论像解方程一样，可传授，可学习，可验证。由此让人们可以开悟到能找到个人幸福的路径。

我重新检视起这段话，想象自己置身于这段话所描述的生活，我感觉心跳在加快，身体在发热。写下这段话的时候我并不知道什么是能够“让人开悟到幸福路径”的领域，但是现在我学习了职业生涯规划，我好像有了一个入口。

我继续翻着自己的笔记（感谢自己多年的记录习惯），我找到越来越多“想要帮助他人活出潜能、收获幸福人生”的记录：

在所关注的问题之中，还应该注意将精力集中放在最重要的那一部分。这个道理小到各个阶段的人生规划，大到一个国家的治理都是适用的。比如，二十几岁的年轻人最重要的问题是学习，那么就应该将精力放在如何学习之上；三十几岁的青年人最重要的问题是立业，那么就应该将精力放在立什么业，如何立业之上。

——节选自2016年1月4日《低学历的五大师》读后感

二十多年来学校教了我各种有用的，大部分没用或者过时的东西，却从来没有教过我要“认识自己，挖掘自己的潜能”。一路顶着“品学兼优”的帽子过着“活着就是要努力适应社会的生活”，却在二十年后被告知“其实，活着是为了改变世界”。

——节选自2011年12月1日日记

国外的学生从小就开始接触职业社会，幼儿园会组织小朋友扮演警察、医生等不同职业角色；小学会组织“职业日”邀请学生家长做分享介绍自己的职业；中学和大学更是会配置专门的学业顾问、职业顾问，指导学生根据自己的个性优势选择专业和职业。这就是国外学生为什么会比中国学生更有创造力的原因之一，因为他们从小就知道自己喜欢什么，擅长什么。

——节选自2009年4月10日日记

从这些蛛丝马迹中，我看到“发现天赋，激发潜能，教育启发”一直都是我关注的核心。从中我提炼总结出三个人生关键词：

①**自由**。我希望我的生活状态是自由的，不受时间、空间和皮囊的约束，可以自主安排时间，有自由施展创意的空间。

②**真理**。我想要了解为什么有的人能活出自己，而有的人不能。我想了解能够更好识别、激发个体潜能的原理和方法。

③**分享**。我想把自己研究、总结出的经验方法分享给大众，让更多人掌握活出潜能的方法，收获丰盛人生。

这三个人生关键词几乎囊括了我所有想做的事情和想达到的状态。英文里有个词叫Calling，中文翻译是“天命”或“使命”，形容一种被召唤去做某事的感觉。“自由、真理、分享”这三个词虽然一直散落在我过去的经历中，但是当我第一次清晰地把它们写在纸上的时候，才感受到它们是如此真实和强烈，这感觉就是Calling。

自由　真理　分享

我的心情特别激动，开始在人生关键词的延展下制订2016年的年计划，一份跟过去十多年截然不同的年计划。2015年12月31日注定是我人生中里程碑式的时刻，从那天开始我就走上了“用一年时间重生，活出无限制人生”的道路。

经过三年的实践和完善，这套被我称作“重生年计划”的自我探索方法，帮助我每年实现跨越式成长，也是这本书的主要内容。从第三章开始，我会详细跟大家分享这套方法。不过在此之前，我想先跟大家分享我是如何通过“重生年计划”创造出自己理想生活的。这些也是打造个人事业，实现自由人生的重要心法。

第二章
与其等世界发现你的价值，不如先为世界创造价值

一、只要还有时间，你就永远不会一无所有

上帝宠爱给予者，为你准备的远比你以为的多。

在人生关键词“分享”的指引下，我发起了行动派成都伙伴圈，组织了第一场线下活动。十二名小伙伴聚在一家咖啡厅，一起制订新一年的年计划。活动结束后，我们建了一个群，这个群成了后来所有故事的起点。

“大家一起制订了年计划，但是怎样才能支持大家实现年计划呢？”我在狭小的出租屋里一边洗碗一边思索着。作为年

计划的多年实践者，我非常清楚如果不能一直聚焦在年计划目标上，年计划很快就会被生活琐事淹没，等到再次想起来的时候一年都快结束了。“每半个月就让大家提交一次月总结，我来帮大家汇编，鼓励大家坚持下去。”我突然想到这个点子，但是下一秒我又犹豫了。我担心这会耗费太多时间，而且我并不知道会不会真的有效。目前我最要紧的是有一份收入，把时间浪费在这样一件没有回报的事情上值得吗？经过短暂的纠结，我还是决定做这件事。一想到小伙伴们可以通过月总结的方式聚焦年计划、实现目标的画面，我就感觉热血沸腾。我想做这件事！没有时间，就挤时间出来呗。

于是，我在群里发起了提交月总结的倡议，让大家把自己的总结发给我。起初，只有五名小伙伴响应。我先阅读每一份总结，然后排版成好看的文档，还做了封面图，看起来就像一本电子杂志，再发回给提交总结的小伙伴们。大家从其他人的总结中得到了启发，找到了共鸣，增强了信心。我也在阅读小伙伴总结的过程中，发现每个人都在理想和现实中挣扎，试图找寻一条属于自己的道路。原来我并不孤独，还有很多人跟我一样，在奋力追寻自己的梦想，只是每个人都是自己在坚守，相互缺少链接。

在互联网时代，看起来人和人之间的联系紧密了，但是这样的联系仅限于工作和生活日常，不涉及梦想层面的链接。

也就是说，我知道你是一名在银行工作的柜员，但是我并不知道你内心想成为一名插画师，又如何能够支持你的梦想呢？但是，在大家的月总结中，我看到了小伙伴们内心的想法、愿景以及遇到的困难。

“要不我来做这个链接者吧，尽我所能为大家的梦想提供一些助力。”于是，我围绕月总结中大家都感兴趣又无从下手的话题策划组织了线下活动，邀请了几名小伙伴来分享他们的职业和生活，有医学博士、金融爱好者、灵魂疗愈师，大家在活动中分享自己的工作和梦想，时不时发出找到同类的惊喜声。

链接者

我被梦想和梦想相遇、灵魂喜悦的画面深深触动。心想：我要把这样的事情坚持下去，坚持汇编小伙伴的月总结，坚持从大家的心声中去组织活动，链接有需要的彼此，让每个人在追梦的过程中容易一点，哪怕一点点也好。

这一坚持，就是整整一年。12次线下活动策划组织，24次月总结汇编，200名小伙伴深度链接，365天社群陪伴。我完全没有想到起初这个在刷碗中产生的灵感，逐渐有了自己的生命力。一年之后，让我在这座原本陌生的城市结识了一群志同道合的朋友。他们有的成了我的人生挚友，有的成了我的事业伙伴，有的成了我的蓝颜知己。

这一年不求回报的付出不仅让我收获了珍贵的友谊，还练就了我扎实的社群运营功底。**时至今日，我特别感谢自己在当时人生困顿的一年，依然选择力所能及地去做服务。**没有钱，可以付出时间；没有时间，可以付出思想；没有思想，可以付出鼓励的话语。不用担心你的给予会掏空自己，因为上帝为给予者准备的，远比你以为的多。

二、学会这种能力，你就是稀缺人才

勇气的获得只有一种途径，那就是：去做你没做过的事情。

“做一场100人的活动”是2015年12月31日我写在年计划中的目标之一。当时的我还是刚到这个城市的外地人，如何能在没有公司、团队、资金、资源的情况下做一场100人的活动呢？

答案是：我也不知道。

总之我就是想做这件事情，还从网上找了一张百人演讲的图片贴在书桌前面的墙上，每天抬头就能看见，提醒自己：今年我想完成这个事情。**有了这个目标之后，我并没有执着于该怎样马上去做到，而是回到当下的生活，继续做好手上的其他事情。**一次又一次做好每个月的社群活动，一篇又一篇学习如何写作，一例又一例投入职业规划咨询中。

很快就到十月份了，我依然没有一点能做百人活动的迹象。直到有一天晚上，我在朋友圈看到DISC双证班联合创始人李海峰老师发了一条消息，计划在上海、深圳举行DISC一日商学院活动。我点开文章，看到活动内容和嘉宾阵容后，既羡慕又落寞。羡慕的是北上广深的小伙伴们有这么多优质的学习资源可以享受，落寞的是成都很少有这样的优质学习机会。我开始犹豫要不要飞到上海去参加学习，盘算了下来回的交通费用，对当时囊中羞涩的我来说成本太高。这个时候，我突然有一个大胆的想法：如果我不能去，能不能邀请海峰老师一行来成都呢？这样成都的小伙伴也能听到优质的学习内容了！

我越想越激动，再看到书桌上那张百人活动年计划目标的照片，我感觉：时机到了。于是，我连夜斟酌好邀请信发给李海峰老师，李海峰老师很快就回复我：可以！

我简直太激动了，这是一个好的开始。在《牧羊少年奇幻之旅》这本书中我认识到：**当你走向一个正确方向的时候，一开始你会有新手的运气，开局会很顺利**。但是，这样的好运不会持续下去，后面将会有各种挑战来考验你是否有远征者的勇气。果然，我的挑战很快就来了。

第一次做大型活动，我毫无经验，又没有正式团队支持。我几乎是一个人负责找场地、嘉宾对接、物料设计、活动宣传等所有事情。整整一个月我停掉了其他工作，一门心思地扑在这场活动上。进展不顺利的时候，我多次怀疑自己是不是高估了自己的能力，好几个晚上都焦虑得睡不着觉。

我的好朋友炼炼，感觉到了我的焦虑，对我说她可以抽时间来协助。炼炼非常擅长事务性安排，有她调动协调志愿者和后勤，我就可以把精力集中在最紧迫的宣传上了。我们从社群临时招募组建了志愿者团队，进行分工协作，分批次到各大软件园派发活动宣传单页，介绍一日商学院活动。同时加大活动福利，连同海峰老师赠送的三套书，一共为参与者准备了五重好礼。最后，连秋叶大叔都利用带学生参赛间隙赶来现场为我们站台助威。活动最后以172人的报名数收官，有的小伙伴甚至连夜从重庆、西昌、绵阳等地赶到现场，在成都掀起了一场DISC学习热潮。

通过这次活动，我和小伙伴们不仅收获了百人活动策划组织的经验，还在活动复盘中总结了我们的特色，为后来发起

“未来青年影响力论坛”等多场大型活动提供了流程化运作模板，探索出了一条“聚是一把火，散作满天星”的社群共创能力。

对于我个人而言，这段经历最大的意义在于淬炼了我从“无”中生“有”的能力。在没有团队、没有资金、没有资源的情况下达成目标，突破自我极限，收获更强大的自己。往后，不管遇到怎样的挑战，我都能从这段经历中鼓足勇气，告诉自己：我曾经做到过，现在依然可以。

三、吃亏是福，到底“福”在哪里

当你关注价值提供，而非价值收获的时候，你会发现不一样的做事方法。

确定自由、真理、分享三个人生关键词之后，我变得更加聚焦。每天的日复盘和每个月的月总结都会关注自己做了哪些跟关键词相关的事情，哪些关键词投入的精力还不够多。这种对自己生活有意识的聚焦感，是我践行重生年计划之前从来没有过的。

每个月的社群活动和陪伴支持是我践行“分享”的方法，学习和练习职业规划咨询则是我践行“真理”的方法。我想探索个人成长的奥秘，职业规划咨询是我目前看得见的入口。我一边跟着同行前辈进行督导学习，一边开始了公益的职业咨询。

通常，新手咨询师需要先进行一段时间的公益咨询积累，才有可能转为收费咨询。大部分新手咨询师会选择免费给咨询来访者提供一次公益咨询来积累经验。可是，我不打算这样做。我认为一次公益咨询根本无法完整解决一个问题，即便是做30次公益咨询，那也只是首次咨询重复30遍而已。新手咨询师积累咨询经验很重要，不过更重要的是为咨询来访者提供价值，即便是公益咨询来访者也值得让其完整的需求得到满足，而不是隔靴搔痒、浅尝辄止。

于是，我做了一个看起来很不划算的公益咨询方案：为每名公益咨询来访者免费提供三次咨询。公益咨询消息放出去后，很快就有十多名小伙伴报名。我像对待付费客户一样，认真地为每一次咨询做准备，其间也遇到很多困难，因为书本上的理论和实践操作中的情况还是有很大差距，我屡屡在咨询中受挫，然后一边给自己打气，一边从每一次糟糕的咨询经验中吸取经验教训。我大概花了三个月时间，做完了公益咨询。其中一名客户在公益咨询结束后告诉我，她想继续跟我保持咨询，为此她愿意付费，并且一次性付了我一整年的咨询费！那一刻，我正式成为了有收入的自由职业者，距离我辞职离家刚好过去十个月。我成功在三万块积蓄花光之前，实现了自由职业的理想状态。

从公益为社群小伙伴提供支持，到公益为咨询来访者提供三次咨询服务，细心的你可能已经发现：我总是主动为他人提供“多一分”价值。这样的思维模式往往能够让我从常规的做法中独辟蹊径，想出不一样的方法。**当我的注意力放在如何真的支持到他人，如何真的交付价值的时候，我就不再介意自己当下的收获和付出是否成正比。**

事实上，当我这样去做的时候，我的收获已经远远超出我的付出，只是收获并不一定总以金钱的方式呈现，有时候收获的形式会是一次优质推荐，一位我正好需要的合作伙伴，一个让我突破自己的机会……而这些，是比金钱更宝贵的收获。

四、自雇职业，是强者的游戏

让能力撑得起你的梦想。

在职业咨询中，我经常遇到来访者在谈论自己理想生活状态的时候这样描述：我希望可以自由安排时间，不受空间约束，做着自己喜欢的事情，并且从中获得物质和心智的成长。这种自由人态生活，特别受80后、90后的喜欢，他们中很多人有出境旅行的经验，甚至中断求学、工作，用间隔年的方式去环游世界。

来访者小鱼就是这样的一名90后。小鱼是一名工业设计专业的研究生，毕业后顺利进入了一家国企工作。外表看起来恬静柔弱的小鱼，内心其实很有力量。在工作之余，她喜欢到不同城市骑行、背包旅行。在尝试了青海湖环湖骑行和海南岛环岛骑行后，小鱼开始向往更广阔的世界，也开始反思自己太过平顺的人生和缺乏挑战的工作是否少了一些体验。经过反复思考，小鱼决定辞职出国旅行。原本计划的三个月欧洲行，最终成了一年的世界旅行。

世界旅行

我们内心偶尔跃跃欲试想要走出去的冲动其实是生命的本能。纵观人类发展史几乎就是一部“走出去”的历史。从非洲大陆走出去，从陆地走向海洋，从地面走向天空，从天空走向太空……

80后、90后之所以能“任性”地走出去，去体验不一样的生活，除了生命本能，还离不开物质生活水平的提高。著名的马斯洛需求层次理论[①]指出，人在满足了基本生理需求、安全需求之后，就会寻求更高层次的精神需求、自我实现需求。中国经济在高速发展多年之后，基本温饱得到满足，有了父辈的积累，独生一代才有了“世界那么大，我想去看看”的底气。再加上互联网基础设施的成熟，只要有网络就可以方便快捷地解决衣食住行问题。这一切都为自由人态工作生活方式培育了肥沃的土壤。

然而，真正的自由人态并不是有钱有闲偶尔出去看看世界这么简单。真正的自由人态是凭借个人能力，不受时间空间限制为客户创造价值，进而为自己创造经济收入，从而实现移动办公的生活方式。换句话说，自由人态，是强者的游戏。

普通人如何能够成为这样的强者，实现自由人态的工作生活方式呢？回顾我自己实现自由人态的过程，我认为需要完成三个阶段的发展：深刻的自我认识、知行合一、有市场价值的成长。

这三个阶段的自由人发展路径，是我一个人的特例，还是多数人都适用呢？为了验证这个假设，我进行了一场为期一年

---

① 马斯洛需求层次理论：是人本主义科学的理论之一，1943年由美国心理学家亚伯拉罕·马斯洛在《人类激励理论》论文中所提出。书中将人类需求像阶梯一样从低到高按层次分为五种，分别是：生理需求、安全需求、社交需求、尊重需求和自我实现需求。

的社群实验：招募一百多名从事不同职业的参与者，按照这三个阶段进行有意识的成长，看看一年之后有多少人能成为自由人。

五、自我认识，到底该认识些什么

一切答案都在自己身上。

苏格拉底说："人啊，认识你自己。"

认识自己，几乎是人生中最重要的功课。然而，我们的教育却极少教学生认识自我。学生对自己的了解，也许还没有对手机上的游戏软件了解得多。当学生离开校园进入社会后，就会因为对自己的不了解而在职业发展和人际关系中屡屡碰壁。有的人会在痛定思痛后开始给自己补上"自我认识"这门课，更多的人则根本不知道问题出在了哪里，继续蒙着眼睛胡乱抓瞎。

认识自我到底需要认识哪些东西呢？首先，是人生的目标，也就是你想成为什么样的人。

1. 认识人生目标

很多时候，我的职业规划咨询客户问我："老师，你能告诉我，我适合从事什么工作吗？"我都会先问他："那你知道你想成为什么样的人吗？”

人生的困境常常来自执着于“如何达成”的路径，而忽视了“为什么要达成”的意义，这种思维倒置我称为“方向—路径混淆思维”。我经常使用的一个比喻是：当你第一次去一个陌生的地方，你掏出手机，打开导航软件，第一步是干什么？肯定是先输入目的地，然后根据时间和路况信息规划路径。你没有办法在知道目的地之前先知道具体该怎么走。就是这么显而易见的道理，我们却常常在工作生活中本末倒置，例如：常常关注“我如何才能找到爱我的人”的路径问题，却忽略“我要找什么样的伴侣”的方向问题；关注“我如何才能幸福”的路径问题，却忽略“幸福对我来说是什么”的方向问题；关注“我如何才能在10天之内瘦10斤”的路径问题，却忽略“我的体质特点是什么”的方向问题……

这种在战术上勤奋，战略上懒惰的思考方式，就如同不知道自己要去哪里，便开始无头苍蝇似的到处乱撞，撞到自己伤痕累累的时候，才知道停下来重新认识自己。

2. 认识自我优势

认识到自己的人生目标后，第二步就需要认识自己的优势。近几年的“优势学习风潮”让很多人意识到了与其弥补短板不足，不如发挥自己的长板优势。这种认知的转变是件好事情，但是容易掉进另一个误区。同样，在我的咨询中常常遇到咨询客户想要找到一种近乎神技的优势。也就是说，一旦他知道自己的优势是文字表达，就希望自己第二天能写出阅读量10万多的文章，一个月就能成为畅销书作者，从此走向人生巅峰，并且永远也不会跌下来。如果不能，就会质疑这种优势，然后投入到下一段“优势寻找之旅”。**这种思维误区我称为“优势懒惰思维”，误将优势作为自己可以不努力的借口，毕竟“这不是我的优势”比“我不愿意努力”听起来更容易原谅自己。**

我们每个人的确有各自不同的优势，但是优势只在初入某个领域内能起到快速领悟的作用，而要达到高手级别还需要类似一万小时、刻意练习式的投入。如果寄希望于找到优势，人生就能马上开挂逆袭，注定是要失望的。我们在某些方面的优势只是能让我们有新手的运气，最终突围需要的却是远征者的勇气和耐力。

3. 认识隐秘卡点

认识到自己的优势并且合理预期之后，第三步需要认识自己的卡点。我们既然有容易上手的优势地方，就一定会有容易被卡住的地方。如果缺乏对卡点的认知，就容易反复在同一个问题上不断经历挫败，却看不到事件背后的卡点，以为生活故意在跟自己过不去。

每个人都有过被“卡住”的感受，但是真正卡住我们的并不是事件本身，往往也不是事件中的人。卡点的源头最终都是我们自己。我知道，这很难理解。没有人会说：来点倒霉事卡住我吧。那么如何理解卡住我们的是我们自己呢？下面我想分享一个真实的故事（经过当事人同意记录她的故事，为了保护个人隐私，文中使用化名）。

M小姐性格乖巧、成绩优异，家人朋友都觉得M小姐的人生会很幸福。但是M小姐的感情却一直不顺利，谈了几段感情，都以失败告终。起初她以为是没有遇到对的人，但是谈的感情多了，她发现每次都是自己先喜欢上别人，然后又是自己提出分手，分手的原因也差不多，通常是两个人因为工作的原因不能经常在一起。

这一次，M小姐又认识了一个很喜欢的人，他们交往了一阵，都很喜欢对方，可惜就是异地。每次分别都会让M小姐很难受，比如M小姐生日的时候对方无法来陪她，M小姐就会觉得自己很委屈。“要不还是在同一个城市找一个对象吧”，这个念头吓了M小姐一跳，一瞬间她觉得自己好像陷进了一个恶性循环：总是会喜欢上经常要经历分离体验的人，然后自己就会痛苦，痛苦到怀疑这段感情是否值得，接着开始动摇、找碴、争吵，吵架带来的伤痛又刺激M小姐质疑这段感情，直至分手。

听了M小姐的故事，我试着跟M小姐进行了如下对话（有删减）：

问：跟你男朋友交往的日子，你觉得你是成长了还是落后了？

M小姐：成长了。首先是更加独立了吧，不再那么在意他人的看法了。能完全通过自己的能力挣到钱，虽然还不多。其次在感情上，也成熟了。没那么以自我为中心了，更懂得付出和隐忍。但是，感觉自己又很依赖他，怕没有他。

问：如果没有他，会怎样？

M小姐：就没有人关心我了，没人在我无助的时候听我倾诉，给我想办法，支持我了。没人再关心我的生活和健康。

问：在过去没有谈恋爱的日子里，你是怎么过的，你难过的时候是怎么过的？

M小姐：看书。做自己的事情。

问：听起来他更像你的父亲，而不是你的爱人。你觉得爱人和父亲之间有什么区别？

M小姐：父亲是无私奉献的角色，不求回报，不管如何冲突都不会离开的人。而爱人不是，爱人之间是平等的，或者说如果冲突过大就会分离。

问：父亲代表不会分离，你可以率性而为；爱人代表可能会分离，你需要收敛脾气。那你觉得世界上存在像父亲一样无论你怎么折腾都不会分离的爱人吗？

M小姐：……我想不存在吧……

问：那么你有两种选择，一是继续寻找能像父亲一样永不分离的爱人，极有可能终身失望，在感情生活中战战兢兢，患得患失。你也可以选择放弃这种执念，接受爱人是平等的朋友关系，而不是单向的付出索取关系。你不需要为了留住他而讨好他，他也没有义务像父亲一样把所有的注意力投注在你身上。

M小姐：我选择后者。我放弃找一个永远不会离开我的人。这世界上，连至亲父母都会离开我，只有自己不会离开自己。只有我才会在每时每刻陪伴我，所以我应该对我自己好。因为我才是永远不会离开我的“爱人”。而他是独立的个体，他不是我的父亲，没有义务随时随地陪我，没有义务忍受我所有的脾气。

……

当M小姐自己说出这段话的时候，就开始嘤嘤哭起来。原来M小姐的父亲从小离开了她，M小姐看起来是在找“爱人”，实际上内心深处是在找“父亲”。

这时候，M小姐意识到她的感情问题根本不是异地问题，真正的原因是自己将对父亲的期待投射在了男朋友身上。这种投射注定是要失望的，因为男朋友永远也不会是父亲，而对方也无力承接这么重的期待。

M小姐开始调整对男友的投射，慢慢接纳父亲的离开，理解分离并不代表失去，最后从向外索取爱到自己生产爱。当完成这个过程后，M小姐发生了特别大的变化。她开始特别享受男朋友不在身边的日子，可以做自己的事情，也不觉得男朋友跟朋友出去玩的时候自己会有孤独感。现在，反倒是M小姐的男朋友经常惦记着要来看她。

M小姐的故事，就是一个从事件本身中跳脱出来，发现卡点并且突破卡点的典型案例。如果M小姐没有意识到她在感情中的卡点是源于对“找父爱”的固着，那么她就会反复经历跟男朋友的分离煎熬，最后可能丧失对爱情的向往。

M小姐的故事给我的印象非常深刻，每当遇见让自己不舒服的人、不舒服的事情，感觉自己被卡住的时候，我都会想起M小姐的故事。

我会提醒自己：**让我不舒服的不是这个人，不是这件事，而是内在有未被化解的卡点。那些让我伤心痛苦的人，其实都是来度我冲破这个卡点的。**

时常在生活中保持对卡点的觉知，就能从一个又一个让自己不舒服的事件中挖出深藏在自己身上的卡点。当你意识到卡点是什么的时候，卡点就被解决了一半，你也才能更好地成为你想成为的人。

认识人生目标、自己的优势天赋和人生隐秘的卡点，组成了自我认识的三大板块，脱离了这三个板块的自我认识都是隔靴搔痒。换句话说，如果你觉得自己很努力，也很上进，可是成长效果却不明显，那么问问自己：你清楚自己的人生目标是什么了吗？你了解自己区别于他人的优势有哪些吗？你知道自己经常被什么样的卡点制约了发展吗？

目标　优势　卡点

你解答这三个问题所需要的时间，就是你实现自己理想生活所需要的时间。一切的答案都在你自己身上，不需要从外界费劲去寻找。静下心来向内走，这才是光明的道路。

六、所有道理你都必须去体验，才能真正知道

体会体会，没有身体感受，如何领会？

如果只是头脑上知道认识自我的重要性，没有把“知道”转化为行动，这样的“知道”依然毫无价值，无法让自己得到成长，也无法改善自己的生活际遇。

我在进行自我认识探索的时候，为了清楚自己到底有什么样的优势，想成为什么样的人，有什么样的卡点，我几乎试用了市面上所有的人格测评：星盘、玛雅历、盖洛普、MBTI、霍兰德、九型人格、生命数字、紫薇命格……

我就像把自己当作实验的小白鼠一样，每完成一种测评，就把测评结果描述记录在印象笔记[①]里，然后开始对照生活实际进行分析。比如占星学上描述我水星在双子座，代表思维敏捷、喜好研究；霍兰德测评中我的研究型特质也比较明显；盖洛普优势测评中“学习”是我的五大优势之一。我就开始思考这种“喜欢学习，爱好思考”的特质在我的生活中到底有什么实用价值。

因此，我开始回溯过往经历，发现自己从小就比较擅长念书，学生时代成绩一直不错。喜欢看书，出门在外包里总有一

① 印象笔记：一款笔记工具。

本书，以便在排队等候或者通勤路上阅读。如果一份工作，缺乏心智上的挑战，并且侵占我太多思考研究的时间，我就会排斥。反之，如果一件事情，需要大量的思考，并且工作内容是研究心智的成长，即便没有薪酬，我也会甘之如饴。

当我从自己亲身经验中看到“喜欢学习，爱好思考”这种特质是如何影响我行为的时候，我就在更深的一个层面理解自己为什么会辞掉外界看起来很安稳的公务员工作，为什么会没有收入也要去做百人社群成长的群体实验。**对自己的认识从一种无意识的理解进入了有意识的理解，在自己做出的每一个行为背后，我都知道是什么在发挥作用。**这种感受的细微差别就像知道指南针可以指引方向和真的手拿着指南针走在丛林里之间的差别一样，前者只是头脑中知道，后者却有着从内而外，从理论到体验的“全方位知道”。**这股从头脑到身体上都“知道”的感觉，人们通常用一个词来形容：笃定。**

当然，你并不需要也像我一样去把所有测评都测一遍，本书就是我多年自我实验和群体验证的精华总结，顺着后面章节的阅读，你会了解到一整套系统进行自我认识和知行合一的方法。之所以在介绍自我探索方法之前先解释自我探索的意义，是因为“为什么”永远比“是什么、怎样做”更重要。

七、不以市场价值为目标的成长，都是自嗨

市场是检验成长的试金石。

只要你还有物质生活的需要，还在追求更高品质的生活和生命体验，那么成长就需要以实现市场价值为目标。这其中包含两层含义：

1. 你的成长是否有效，你说了不算，市场说了才算

在我辅导过的自由职业者，或者发展个人事业的客户中，很多人有一种迷思：希望客户不要改动自己原初的产品或服务，认为改动是一种对自己初心的背离。特别是涉及创意的产品和服务，如果改了就“违背自己的创意理念”了。然而真相是，如果得不到市场的认可，没有客户愿意用钞票给你投票，再好的创意也没用。每一个想成为具有不可替代性的职场人，或者想发展个人事业的自由人，首先应该先成为产品经理。把自己当作产品，全方位运营自己的交付成果，创作出符合客户需求的、客户喜欢的、客户愿意买单的产品，而不是孤芳自赏的东西。

事实上，在市场和客户反馈下不断优化的产品，会一点一点比原初的样子更有生命力和想象空间。起初，我只是做常规

的职业规划咨询，但是当我听到越来越多的来访者询问“娜里跑，我如何才能像你一样成为自由人？”时，我开始重新设计我的咨询产品，为想要成为自由人的客户提供这方面的咨询和服务，这演变成了个人事业孵化咨询。为了更好地提供个人事业孵化，我又创办了闺蜜力量，开始用公司化的方式来孵化更多自由人。我的身份也从职业规划咨询师，迭代成了个人事业孵化教练、品牌创始人。

在我开始走上职业规划咨询这条道路的时候，我完全想不到我会以此创业。这都是市场需求一步一步推动我前进的，如果我抗拒市场的力量，固守自己的方式，那么我就不会体验到比职业咨询更让我兴奋的工作。如果我忽略客户的声音，放不下自己的自恋或者玻璃心，不愿意修改自己的产品，那么我将错过很多精彩的故事和经历。

2. 你需要市场的认可，才能继续成长

我跟我的客户开玩笑说：你们要注意，每当我开始外出学习进修的时候，就是我咨询快涨价的时候了。

在我成为职业规划咨询师的第一年，我对于短时间内感知提炼来访者的天赋优势非常感兴趣，于是我给自己定了天赋潜能学习主题。在那一年花重金在全国学习各种跟天赋潜能有关的课程，阅读相关图书，采访身边活出天赋的朋友，请教经验

心得。有些内容看似跟职业规划并不直接相关，我依然求知若渴。在我看来，一切能帮助我提高咨询效果，有助于来访者收获的知识领域我都愿意投入学习，并不会给自己设限。之后，每一年我都会给自己定一个学习主题，不断投资自己。由于有了更深的探索、更多的积累，即便做的还是同一件事儿，但是力道已经完全不一样。

其实不只知识服务是这样，任何个人或公司想要持续发展都离不开对自己的再投资。购买更先进的设备，引进更优秀的人才，投入更多的科研经费，参加更高阶的学习，等等。如果你做的事情就是你最主要的收入来源，那么就需要围绕市场认可来进行生产。在产品上，提供超出客户期待的价值；在体验上，让客户感觉方便舒服；在服务上，让客户超值超预期享受。获得市场认可后，不满足于此，继续再投入升级产品和服务，才能立足于市场，也才有持续成长的机会。

八、跨越式成长是有规律可循的

成长三阶段：深刻的自我认识、知行合一、有市场价值的成长。

去外地出差或者旅行的时候，我喜欢去参加当地的沙龙讲座。有一次去武汉，听说东湖边上的小鹿斋正好有一场介绍日本茶道的讲座，主讲人是中南财经政法大学的陈少文教授。教刑法的教授讲日本茶道，这种跨界的分享吸引了我。

陈教授讲解的内容我现在已经淡忘了，不过陈教授旁征博引的论述风采却至今印象深刻。讲座结束回酒店的路上，陈教授跟我分享了他做学问的心得：**结构化思考，系统化做事。**

结构化思考 系统化做事

这句话让我茅塞顿开，瞬间串联起这几年我在做的事情。这几年我一直在做一件事情：**总结一套个体认识自我潜能、发挥自我潜能的方法，帮助个体自我实现。**“个人成长”这个词儿已经烂大街了，但到底什么是个人成长，个人成长的步骤是什么，却很少有人说得清。

前文介绍的深刻的自我认识、知行合一、有市场价值的成长三阶段，就是我从自己的经历中，试图结构化个人成长这件事儿。不过，我还需要群体实践。**一套方法是否有效，必须脱**

离特殊性，走向普遍性，必须经得起群体的考验。

于是我发起了用一年时间重生的社会实验，招募了100多名小伙伴进行一场为期一年的尝试。在这一年中，我们先用半年时间进行深刻的自我认识，认识自己的人生目标，认识自己的优势，认识自己的卡点。然后带着这种认识在生活中进行验证，将头脑层面的知道转化为体验层面的知道，并以此作为行动的指引，此之谓“知行合一”。紧接着下半年，我们开始搭建平台，为小伙伴创造走向市场的机会，推动大家实现有市场价值的成长。

令人欣喜的是，许多小伙伴逐渐从迷茫中明确了自己的职业定位，有的甚至走上了多重职业道路，收获了肉眼可见的成长。在一年结束的时候，我们举办了一场百人聚会，见证大家数十倍挣回学费的成长硕果。

至此，用一年时间重生的成长方法论得到了群体验证，它不再是我个人的经验总结，而是适用于每一个人的结构化思考方法和系统化做事脉络。你可以用这套方法明确你的事业方向，甚至实现自由人的工作生活方式。下面，就让我们开始踏上重生之旅。

第二部分 方法篇

第三章
明确三年愿景，配置人生导航系统

一、真实案例：如何在枯燥的工作中创造乐趣

1. 工作不开心，我想去留学

倩倩第一次社群分享就给我留下了深刻印象，逻辑清晰的表达、字正腔圆的声音、富有感染力的笑容，一看就是演讲高手。毫无意外地，倩倩获得高分投票，赢得了嘉宾分享机会。

也正是有了这次链接，我才知道倩倩原来是知名外国语学校的英语老师。这份在旁人看来非常惬意又有意义的工作，倩倩却不是很满意。我们走在义学巷的路上，倩倩告诉我说她正在考虑去西班牙留学。

初春的成都，还有点寒意。我们迎着风，走着路，有一搭

没一搭地聊着。职业病的原因，我好奇地问倩倩对目前的工作哪里不满意。她说，感觉工作很受限制，她向往到各处旅行，喜欢在路上的感觉，不喜欢整天待在办公室里。应试教育的方式也让她觉得很心累，感觉工作没有意义。

对于有职业困惑，想要离职的年轻人来说，这是我最常听到的理由。向往自由自在，不喜欢打卡上班；向往发挥空间，不喜欢制度约束……因为不喜欢此岸，而向往彼岸，是为了追求，还是为了逃避？其实，一时半会儿很难说清楚。

脱口秀节目《奇葩说》曾经请过一名清华学霸，在清华大学相继获得法律学士、金融硕士、新闻传播博士学位，步入社会却不知道自己应该做什么，引起社会广泛热议。像这样在学校能拿高分，但在社会大学中却不及格的案例不胜枚举。

人生规划缺失

我自己就是其中一员。寒窗苦读十二载，埋首题海看似上知天文下知地理，却从未思考过自己喜欢什么，适合什么，奔着一流大学选定高考志愿，以为未来会一切光明，却不知换来的是长达七年的迷茫和自我探索。那时我才发现，原来高学历和如意人生之间并没有直接因果关系。

相较于国内相对缺失的职业规划教育，发达国家很早就会给学生普及职业规划意识。幼儿园的时候会有职业角色扮演游戏，中学的时候会有家长职业分享日，高中的时候会开设计算机编程、建筑工程、市场营销、广播主持等各种各样的选修课，让学生在进入大学之前，就对职业有第一手的实践经验体会，然后选定方向，终身探索下去。

国内学生缺了这一课，在大学毕业进入职场后就会出现“缺课后遗症”，表现之一就是自己做的工作不喜欢，又不知道自己喜欢做什么，然后就会通过频繁换工作、换环境的方式来解决自我认知的问题。

所以，职场新人大部分离职的动机，都值得深入分析，进一步剖析。如果是为了逃避现状，而寄希望于换工作来解决兴趣不明、能力不及、专业缺乏的问题，那只会越换越糟糕。

我为倩倩的想法捏一把汗，但是跟倩倩刚认识，又不在咨访关系中，我担心自己的殷勤分析会给倩倩造成压力，于是选择点到即止，等待更合适的时机。

2. 明确内心热情之后，一样的工作有了不一样的意义

加入用一年时间重生实践后，倩倩热心地在社群里发起每日一句英语的美文兴趣小组，免费用自己的专业特长为群友提供有价值的服务，一做就是100多天。上帝宠爱给予者，为其准备的远比以为的多。倩倩的热心付出让我感动，也让我看到了可能，心中生出一个想法，也许合适的时机到了。

我约倩倩进行了一次简短的语音交流，脱离要不要辞职的表象问题，我们一起探讨她想要实现什么样的人生价值。我们聊到了倩倩喜欢的家人相处关系，聊到了工作中让她感觉舒服的部分以及高中复读补习的一段经历。倩倩内心深处“平等尊重、互动反馈、自由发挥”等价值点被不断被挖掘出来，顺着这些价值点我说出了心中的想法，询问她愿不愿意把她热爱的两件事——语言和旅行——结合起来做一个项目。

倩倩毫无迟疑地一口应下。很快，倩倩就创办了EnglishUp放肆说社群，研发出了一套旅行英语课程，然后分享给对语言和旅行同样感兴趣的小伙伴们。在这个过程中，学员的反馈让倩倩更加确信她在语言方面，特别是纠音方面有突出的天赋，很多学员多年的发音顽疾在倩倩一针见血的指导下快速突破。渐渐地，倩倩愈发明确了自己的热情和使命，那就是：**重新定义英语学习。**

这时候，当初让倩倩感觉枯燥乏味、意义感缺失的老师工作，反而成了她发展斜杠身份的养料。过硬的教学成绩也让倩倩特别有底气坚持自己的教学理念和方式。工作还是那份工作，换一个视角，一切都变得不一样了。

3. 围绕关键词，设计自己想要的生活

用倩倩的话说：一年前的她有点怀才不遇、自怨自艾，但是一年后的她，已经成为了发光体，不需要借助别人的光芒就可以发光发热。未来还未开始，就已经充满期待。

如今的倩倩，是学生喜欢的英语老师，是“EnglishUp放肆说”的创始人，是每年有四分之一时间在旅行的行者。通过明确自己的生命意义和关键词，她懂得了聚焦，学会了拒绝，把工作融入了自己的生活方式中。

把工作融入自己的生活方式中

在倩倩身上，我看到了用一年时间重生最好的诠释，深刻的自我认识、知行合一、有市场价值的成长，每一个阶段她都开展得非常顺利。倩倩并没有刻意去寻找方向，没有不停地换工作，而是通过向内挖掘，不断明确自己想要什么，想为这个世界带来什么价值来努力的。

这个“明确”的过程之所以顺利，离不开倩倩本身的天赋异禀和给予者心态。带着善意热爱分享的人，世界永远都会善待他。

二、人生关键词，一座永不熄灭的灯塔

1. 要执着于明确方向，而不是执着于明确路径

职业规划来访者通常带着具体问题来做咨询，比如：“我该不该跳槽？”“我是去A公司，还是去B公司？”“我是先工作，还是先出国留学呢？”……

我很理解此类困惑，实际上我们的生活就是由无数个选择组合而成。从早上该穿哪件衬衫出门，到晚上是吃西餐还是中餐，都是在做选择。日常生活中的小事选择起来相对容易，即便选错了也无非是在“不会去第二次”的餐厅列表上多一个名字而已。但是，涉及要不要换工作，换什么工作的重大选择，

就没那么容易了。毕竟，选错一份工作所造成的时间损失、精力损失都是巨大的。

我并不反对人生需要尝试，相反，我信仰智慧来自经验。我自己就是一个好折腾而不求安稳的性格。但是，我不主张毫无方向地尝试，不拿地图就上路。

因此，在面对“该不该跳槽？”“选哪家公司？”等这类问题的时候，我更想知道的是提问人想过什么样的生活，想成为什么样的人。如果把职业困惑比喻成一团“乱麻”，与其耗时耗力去整理麻线本身，不如先停下来仔细观察，找到线头的位置，这样才能事半功倍。这就是我跟倩倩进行工作时，所遵循的思路。我没有和她直接分析要不要去西班牙留学的具体问题，而是从她过去的经历入手，从她对现状未被满足的需求入手，从她向往的生活所体现的意义入手，去找到属于倩倩自己的“线头”，顺着“线头”再来看当下的问题，往往能够迎刃而解。

很多职业上的困惑，往往不是因为不知道怎么做，而是没有提出正确的问题。

“条条大路通罗马”这句谚语大家都耳熟能详，仔细看这句话你会发现“罗马”是明确的目的地，而如何去罗马的路径是不明确的，而且还有很多种可能。任何一条道路都可以通向罗马，重要的是“罗马”，而不是去罗马的“路”。

活得明白，知道目的地，但不纠结路径；活得糊涂，纠结于路径，却不知去哪里。

找到方向而非路径

从大学起我就踏上了自我探索之旅，起初我执着于路径，想寻求一种具体的方式，让生活一劳永逸。参加创业大赛，加入创业团队，以为创业就能解决头脑的困惑；回家乡进入体制工作，以为稳定体面就能平息内心的纷扰；入职大公司，成为都市白领，以为丰厚的薪酬就能摆平生活的不易。我执着于路径，却不知道自己要去哪里。

七年过去了，我厌倦了没有方向的奔袭，从向外折腾转而向内探索。去叩问自己想成为什么样的人，去探寻自己想过什么样的生活，去记录自己每一次心流体验的过程，去认识真实的自己、内在的自己、灵魂深处的自己。

没有灵光乍现的时刻，也没有菩提树下顿悟的神迹。对自我的探索其实枯燥又单调，无非就是反思、分析、理解、观察和体悟。不过皇天不负有心人，通过长期深刻的自我认识，我终于逐渐明确了我人生的目的地，或者说来这个世界走一遭的意义，那就是：“自由、真理、分享”。

我把它们称为“人生关键词”。

2. 在人生的海洋上，你需要一座永不熄灭的灯塔

人生关键词是你此生的目的地，是你能想象的最高版本的自己。它像灯塔一样，指引你航行在人生的海洋上，你不需要知道每一海里具体该怎么走，你只需要一直朝着灯塔的方向，不断修正方向，不断靠近。

2015年，我站在人生的十字路口前。当时我在考虑要不要辞掉安稳体面的体制内工作。一方面我向往更自由、更广阔的世界，内心无法忍受一眼到头的生活。另一方面耳边总会有这样的声音：女孩子不要太辛苦；体制内工作虽然钱不多，但是轻松呀；稳定的工作才好找对象……诸如种种。听起来好像也有道理。

我很纠结，不知道该如何选择。这时候我想起我的人生关键词。我问自己：“体制内工作能满足我自由、真理、分享的人生目标吗？”答案是否定的。体制内没有自由，特别是没有创意发挥的自由，也无法让我去探索个体潜能的真理，更谈不上分享。三个人生关键词一个也满足不了，我还留在这里干什么呢？

这是第一次，关键词帮我明确了自己的选择。虽然当时并不知道自己离职后该怎么办，但是一步步按照关键词的指引，最终走到了今天，活出了我人生关键词的状态。

第二次，我遇到了诱惑。刚辞职的时候囊中羞涩，正好有一个朋友做一款线下超市软件，邀请我加入团队并负责市场运营，允诺我很丰厚的股份和薪酬。一边是没有收入的自由职业，一边是股份和高薪，我内心动摇了。第二天就要给朋友答复，那一晚我辗转难眠，内心冒出一个声音：哪个选择更匹配我的人生关键词？一家互联网创业公司能够满足我实现人生关键词“真理”的需求吗？好像不能。于是，我忍痛婉拒了朋友，继续坚持自由、真理和分享，成为了一名职业规划咨询师。

第三次，我遇到了瓶颈。作为一名新手咨询师，我没有专业背景，也没有从业经历，相较于其他同行前辈来说完全没有优势。怎么办？我翻开自己的年计划，注意到我的人生关键词——自由。我推崇自由协作的生活方式，信仰未来是自由人的世界，那何不专注于自由职业、个人事业领域的规划咨询呢？于是，我把自己定位为鼓励支持年轻人、家庭女性发展多重职业，打造多元收入的职业规划咨询师。无意中，竟然走出了一条独树一帜的咨询风格，形成了自己的咨询特色和个人品牌。

这就是人生关键词的价值，能够让你在面对人生十字路口的时候，做出适合自己的选择；能够让你在面对生活诱惑的时候，不忘初心；能够让你在遭遇瓶颈的时候，创造性地冲出重围。**人生关键词就像人生海洋里的灯塔，始终指引你航行在使命的方向。**

三、自由书写，听见你内心的声音

1. 如何听见内心的声音

2005年在斯坦福大学毕业典礼上，苹果公司创始人乔布斯做了一场精彩的演讲。其中有这样一段话：

Don’t let the noise of others’ opinions drown out your own inner voice. And most important, have the courage to follow your heart and intuition. They somehow already know what you truly want to become. Everything else is secondary.

（译：不要让其他人喧嚣的观点掩盖你内心真正的声音。更重要的是，你要有勇气去听从你直觉和心灵的指示——它们某种程度上已经知道你想要成为什么样子，所有其他的事情都是次要的。）

“听从内心的声音”这句话并不是乔布斯的首创，历史上很多哲人、科学家都曾表达过类似的含义。

倾听内心

> 做自己，因为别人都有人做了。
>
> ——英国作家奥斯卡·王尔德
>
> 不能听命于自己者，就要受命于他人。
>
> ——德国哲学家威廉·尼采
>
> 世界上最伟大的事，是一个人懂得如何做自己的主人。
>
> ——法国思想家蒙田

从古至今，智者都在呼吁我们听从内心的声音，做真实的自己。但是，如何才能听到内心的声音呢？我对此深感疑惑，我的脑袋里有很多声音，脑袋经常告诉我该做什么，不该做什么。但是我的心好像从来没有说过话，又或者心是在用一种我听不懂的语言说话，只是我还不知道而已？

为了听见内心的声音，我试过各种方法。最终让我找到了一种看似简单，却非常有用的方法——自由书写。我对自由书写的理解就是：**一个问题回答100遍。**

这个问题就是：**“如果你有足够的时间和金钱，这辈子你会做哪些事情？”**

自由书写

方法听起来很方便简单，却很少有人去实践。我第一次听说自由书写是在2012年，当时我觉得这个方法太简单了，一点都不高级，不屑于去实践。两年之后才第一次尝试，幸运地“听见了内心的声音”。

2. 一次完整的自由书写过程

那是2014年7月18日晚上，我想我会永远记得这个夜晚。我关掉手机，闭上房门，独自坐在书桌前，从旧笔记本上翻开崭新的一页，在第一行写下：**如果我有足够的时间和金钱，这辈子我会做哪些事情。**

然后我开始放松，让自己的思绪进入假想的世界，在这个世界里我有用之不尽的财富，不需要工作来养活自己。事实上，我唯一的工作就是做自己喜欢的事情，我会做哪些事情呢？

这时候，我脑袋里开始闪过各种念头。买一栋海景别墅，去享受夏威夷的沙滩，去南极看极光，尝遍人间美食……我不停地记录下脑袋里冒出来的想法。不去考虑是否实际，不去考虑是否低俗，我只是忠实地记录下头脑中的想法。渐渐地，我的想法被掏空了，写到五十多条的时候被卡住了，脑袋里空空如也，好像能想到的都写出来了。我看了一下自己写的内容，除了吃喝玩乐，就是给家人提供保障。

我放下笔，闭上眼睛深呼吸几次，然后在心里继续问自己：如果我有足够的时间和金钱，我还想做哪些事情？我放空自己，试着不去操控思维，就那样静静地等着，等着脑袋里蹦出新的念头。不知道过了多久，我脑袋里又有了新的念头、画面，于是我又开始记录。

长时间不停地书写，我的手腕开始疼痛，甩甩手又继续。

不知不觉写到了九十条，这时候我发现落笔写字的速度比我头脑里的念头要快，非常非常细微的差别，简直可以用毫秒计算，但是我清楚不是我脑袋里先有念头，然后转化为文字，而是在念头产生之前，文字就已经有了。

这种感觉太神奇了，以至于我很难用已知的科学理论去解释。不过下意识的，我知道，这种情况很难得，也很不稳定，稍微动点理智的思维，就会被中断。于是，我屏住呼吸生怕惊扰了这股力量。直到手中的笔写出了整个过程最长的一段话：

先通过自己摸索，在一些领域自学有成，总结一些理论。然后到国外留学进修，进一步研究自学力，形成成熟的理论后全世界推广，让这套理论像解方程一样，可传授，可学习，可验证。由此让人们可以开悟到能找到个人幸福的路径。

这段话写出来的时候，我整个人都惊呆了，并且感觉身体在发热，心跳在加速，甚至有种想哭的感觉。这句话是如此的具体以至于我都可以照着描述去行动了。我想搞清楚刚才到底发生了什么，于是继续书写。可是，我似乎失去了那份感觉，勉强写了一条后就写不下去了。我知道，我已经找到我想要的了。我刻意看了一下时间，时钟定格在2014年7月18日21点55分。

我放下笔，开始琢磨写出来的这段话。留学和帮助他人确实是我感兴趣的事情，不过“自学成功一些领域”指的是哪些领域呢？当时的我并不能理解。

四年过去了，如今我已经在激发个体潜能领域有了一些心得，用职业规划的方式帮助迷茫的年轻人、家庭女性明确方向，并且形成了一套体系开始推广，这就是你现在会看到这些文字的原因。而在写下这段文字的时候，我的留学顾问朋友正在帮我查询留学资料。顺利的话，当这本书面市的时候，我也即将踏上留学之旅。

3. 简单的方法，不简单的意义

四年前那个夜晚，是我第一次听见内心的声音。于是，我了解到**内心的声音，不是语言组成的，而是一种更纯粹的存在，它的存在快到思维来不及加工，当你意识到“我怎么会有这种想法”的时候，你就已经不在这股纯粹中了。**

我试图用理性的思维来理解这个过程。为什么长时间不间断地书写会产生这种纯粹时刻呢？

首先，自由书写的问题设定了一个前提：有足够的时间和金钱。在这种前提下，我们需要打破日常的思维习惯，尝试用一种全新的视角去思考。

生活中，我们往往有很多想做的事情，因为各种各样的原因无法实现。比如想出国留学，因为没有钱放弃了；想做一份自己的事业，孩子还小需要照顾放弃了；想环球旅行，没有时间放弃了……正是因为生活中很多现实的限制，让我们没有办法进一步思考下去。自由书写就很好地突破了这个限制，给了我们一次机会跳出日常生活的琐碎，突破限制，尽情想象。

其次，自由书写的问题可以帮助我们把自己调整到理想的生活状态，去跟“高我”进行链接，让更高版本的自己指导现在的自己。

这听起来有点让人匪夷所思，什么是高我？什么是更高版本的自己？量子物理学的科学家一直在研究平行时空是否存在，即我们所感知到的时空并不是宇宙中唯一的时空，宇宙中还存在其他时空。以平行时空为素材的科幻电影更是将这种假设发挥到了极致。《彗星来的那一夜》就是关于平行时空假设的经典电影，经由时空扭曲的奇点，女主角看到了不同版本的自己过着不同的生活，最后她选择了最美好的一种版本。如果真的有不同版本的自己存在，那么自由书写就是一次跟最高版本的自己进行链接的方式。让最高版本的自己告诉当下的你，你其实还有更多的人生可能性。

最后，自由书写是很好的自我对话方法。它很简单，几张白纸、一支笔就可以完成。越是浮躁的时候、越是快速变化的时代，我们越需要回到自己的内心，去听内心的声音。当我们反复问自己一个问题100遍的时候，相当于穿透了我们的表意识，去跟潜意识进行沟通，让深埋在内心深处的想法浮出水面。

人之所以痛苦，就是因为内心的呐喊没有被听到。一旦你听到内心的声音，跟自己的内心链接在一起，外界的困扰实际上是很容易突破的。很多人一辈子都在忙着“以为很重要的事情”，而从来没有跟自己进行过2小时的自我对话，然而没有什么事情能比自我了解、自我探索更重要了。

2014年之后，我每年都会进行一到两次自由书写，不断地明确自己的方向。方向的清晰不是一蹴而就的，也不是说找到了方向，就再也不会迷茫了。方向不等同于路径，就像从成都开车去北京，我知道要往东北方向开，但是并不代表我知道每一步具体应该怎么走。

实际上，从成都到北京有无数条道路可以选择，但是方向只有一个。在朝着生活目标前行的过程中，我们需要明确的是目标，而不要执着于路径。**只要不断确认自己现在做的事情是在接近目标状态就好，从路径执着中抽离出来，我们就不会痛苦。**

你可以在本书配套的手册中根据操作指引完成自由书写练习。

四、偶像人物分析，显化你内心的愿景

1. 大师的偶像榜样

如果说自由书写是向内看，去倾听内心的声音。那么偶像人物分析就是向外看，去显化你内心的声音。我提倡人人都应该有自己的精神偶像，倒不是推崇个人崇拜，而是因为偶像就是你在现实世界中看到的最高版本的自己。因为他们的存在，你才知道你的目标状态是可以达成的。

我并不认为这世界上还有什么新鲜事，在人类六百多万年的历史中，真理已经被演绎过无数次了，只是时间、地点、人物不同而已。诚然，深刻的智慧一定是来自你的亲身经历。可是我们的生命有限，没有时间凡事都用亲身经历的方式去考量。但是，我们可以用学习偶像路径的方式来弯道超车。借由偶像早已走过的路，你能汲取到最适合你的智慧。这与随机跳入式的尝试相比，更容易接近你的人生目标。

曾协助美国总统罗斯福发表“炉边谈话”的成功学大师拿破仑·希尔就是非常善用偶像人物的大师。有一段时间，拿破仑·希尔每晚都会邀请他的精神偶像参加自己想象中的圆桌会议，会议由他本人主持，然后把自己遇到的困惑向他的精神偶像请教，从而获得建议和指引。而出席拿破仑·希尔假想圆桌会议的有：爱迪生、达尔文、林肯、拿破仑、波明克、福特、爱默生、潘恩和卡耐基。

以铜为镜，可以正衣冠；以史为镜，可以知兴替；以人为镜，可以明得失。拿破仑·希尔以这些精神偶像为镜子，照见了自己的局限和不足，不断修正自己的方向，最终成为了影响美国两任总统和千百万读者的成功学大师，成为了最高版本的自己。

2. 请你的偶像为你显化愿景

现在，你也来定制一份自己的圆桌会议嘉宾清单吧，找找你的偶像，去了解他们，去请他们来协助你明确你的方向。

偶像可以是历史人物，也可以是社会名人，还可以是你身边的家人、朋友、同事，等等。我们可能会欣赏很多人，而我们的精神偶像应该是我们想要成为的人。问自己这样一个问题：**谁的人生经历是你也想体验的？请列举三位并说明理由。**

偶像人物分析

2015年我问自己这个问题的时候，我想到了古典、王潇和李一诺，他们的人生经历我也很想体验。古典老师曾经是新东方GRE词汇的首席讲师，后来成为生涯规划咨询师，致力于普及生涯规划知识。他写的三本书《拆掉思维的墙》《你的生命有什么可能》《跃迁》为无数年轻人启蒙了生涯意识。古典老师用文字帮助年轻人心智成长，在自己喜欢的领域自由探索和深入研究，这样的生命体验我也想拥有。

第一次知道潇洒姐是看她的书《女人明白要趁早》，一下子就被这位外表知性、内在理性的天蝎座女性所吸引。从学生时代开始，她就对自己的人生进行了规划。在有的人看来，每个人生阶段都给自己设定目标，然后铆足力去突破自我的人生太紧张、太辛苦，可是我却很喜欢这种状态，这就是萝卜青菜各有所爱吧。后来，潇洒姐创办了趁早公司，在文创和运动服饰领域做出了漂亮的成绩。生活中，潇洒姐有爱她的先生和可爱的女儿，一家人创造生活、享受生活的状态令人欣羡，这样的生命体验我也想拥有。

李一诺女士是我理想中完美的女性，毕业于清华大学生物系，获得加州大学洛杉矶分校分子生物学博士。2005年进入全球知名的咨询公司麦肯锡工作，在三十而立的年纪成为了麦肯锡最年轻的全球董事合伙人。之后，李一诺加入了盖茨基金会，跟比尔·盖茨等精英人物一起工作。业余时间创办奴隶社会公众号，通过文字分享她的人生阅历，吸引了上百万读者粉丝。生活中，一诺还是三个孩子的妈妈，因为孩子教育的机缘创办了一土社区，致力于创新教育的探索。高学历学霸，高情商女性，有一颗公益心和一腔为社会服务的热忱，是爱人的精神伴侣，是孩子的榜样妈妈，李一诺活出了我对女性所有的想象，这样的生命体验我也想拥有。

当我选出这三位偶像人物之后，我发现他们身上有着惊人的相似经历，都擅长写作并且用文字鼓舞了很多人，都曾加入优秀的组织机构，跟随行业顶尖人物学习积累，都创办了自己的企业从事创新教育的探索，都热爱阅读和学习，都有着美满的家庭，都献身于自己热爱的事业……

他们简直就是我人生关键词的代言人。在热爱的领域自由地发挥创意，不断地学习和思考领悟成长的真理，并通过文字分享给更多人。从这三位偶像人物身上，我看到了自己的理想状态和最高版本的自己，与其说是他们吸引我，不如说是他们和我一样有着相同的使命，使命吸引使命，带我认识了他们。由此，我更加理解了我的人生关键词，看到了自由、真理、分享在现实社会中的体现，我找到了我的道路。

如果说你找不到这样的精神偶像怎么办？那么可以多阅读，特别是人物传记和人物故事。可以多去参加一些论坛讲座或者社群活动，去看看其他人的生活。跟随你的内心，自然地靠近一些你喜欢的人，去多了解他们的故事。在这个过程中，你不仅能找到你的精神偶像，还能明确你想要的生活状态。**有的时候，不是你不知道，而是你知道得太少。**

你可以在本书配套的手册中找到偶像人物分析法的具体操作指引，跟你的精神偶像来一次圆桌会议。

五、答案一直在你身上

《牧羊少年奇幻之旅》（又译《炼金术士》）是我一生都会推荐的一本书，它用隐喻的方式几乎讲完了人生的所有故事：要不要追寻梦想？如何开始第一步？追梦过程中你会遭遇些什么？如何面对选择、诱惑和挫折？最终你的宝藏是什么？

牧羊少年离开家乡，历经千难万险走到埃及金字塔，最终却发现宝藏就在他出发的地方，这是多么深刻的寓意啊！每个人都有一处宝藏等待我们去发现，而这宝藏就是我们自己。我们去求学，去工作，去追求心爱的女孩，去拜访智慧的老人，去打败敌人，去帮助朋友，最终的最终都是为了认识自己，活出自己的潜能，我们经历的一切都是在帮助自己看到自己真实的实力。

如果说撒冷王送给牧羊少年的两块石头乌凌和图明是修正方向的指南针，那么人生关键词就是我们的“乌凌”和“图明”[①]。通过自由书写向内探索，偶像人物分析向外显化，最终提炼出三个人生关键词。它们将作为我们航行的灯塔，远征的指南针，帮助我们修正方向，指引我们通向属于自己的人生宝藏。

① 出自保罗·柯艾略所著的《牧羊少年奇幻之旅》，是两块用于占卜的石头。

第四章
挖掘你的优势，设计个人事业最优路径

一、真实案例：珍惜天赋最好的方式是投入

1. 天赋+投入=优势

有一种友谊叫作：见证彼此成长。阿冰和我就有这样的缘分，她来参加我组织的线下活动。

第一次见到阿冰，就被她活泼开朗的性格和青春靓丽的外表所吸引。她就像森林中喝露水、食花蜜长大的精灵一样，浑身透着机灵，你永远也不知道她下一秒会做什么，一切凭心情，活在当下。也正因为如此，当我知道阿冰在银行做客户服务工作的时候，就觉得跟她的气质不匹配。

果然，当我开放职业规划咨询公益名额的时候，阿冰很快

就报了名，说她想换一份工作。刚刚大学毕业的阿冰，工作经验少，能力也不突出，除了眼下银行客服的工作之外，还有什么可能性呢？我注意到每次见到阿冰都会被她的穿搭所吸引，她能穿出碎花连衣裙的甜美，也能驾驭住机车服的帅气。我们从穿搭开始聊，慢慢地聊到阿冰对色彩、画画和创意的兴趣。在阿冰身上，有一股强烈的想象力等待喷涌而出，她似乎需要一种方式，来释放身上这股想象的力量，来表达她对这个世界的理解。所以，当我听到阿冰说她开始学画画的时候，我非常兴奋，连忙问阿冰：老师对你画的画有什么评价？

“我画完第一幅画，老师就问我以前是不是学过。”阿冰回答说。没错！就是这样！**这就是天赋的感觉，做某件事得心应手就像训练过一样**。一开始自我探索就能摸到天赋的大门，阿冰真的很幸运。

而她也用持续不断投入的方式将这股幸运的力量延续了下去。之后，阿冰一直坚持工作之余学画画，从水彩、素描到手绘板画，用阿冰自己的话说：“我从来没有坚持做一件事情这么久，甚至还会早起两小时画画。天啦，我都觉得不像自己，哈哈。”

天赋+投入=优势

英文里天赋这个词叫gift，更常见的意思是“礼物”。我特别喜欢这个单词，因为它表达出了天赋的深意：**天赋就是上帝送给每一个人的礼物。**当你在做某件事感觉天生就会（natural ability），那么它就是你的天赋。但是，天赋并不等于优势。优势在英文里叫advantage，它指的是你做得比别人更好、更成功的事（a thing that helps you to be better or more successful than other people）。也就是说，**天赋（gift）能让你在做某件事的时候上手很快，但是真正让你脱颖而出的优势（advantage）则需要持久地练习以达到优于别人的水平。**

阿冰在绘画方面固然有天赋，但是如果没有她“不像自己”的坚持投入，也就没有后面的故事了。

2. 做自己不敢做的事，才会有成长

重生星球社群想要做一个LOGO，我找到阿冰请她帮我设计。阿冰回我消息说："啊啊啊！娜姐，我没有做过LOGO设计，我也不会PS啊。""没关系，你就试试看。重要的是创意，技术层面的东西我可以找人帮你。"我故意把这个挑战扔给阿冰，因为我知道只要她走出了这一步，把兴趣当饭吃的可能性就打开了。很快，阿冰就回复我说："那好吧，我试试，啊啊啊，好紧张。"

一边忐忑，一边前行，这成了阿冰在画画这条路上的常态。后来，当阿冰把设计图发给我的时候，我惊艳了。不仅有不同应用场景专业的版式呈现，还有设计说明，远远超出了我的想象。我问阿冰是怎么做到的，她噼里啪啦给我说了一通，大意就是她从微博上"勾搭"了一名画师，请教了如何做LOGO设计，然后又在画画兴趣群找了一个小伙伴，请对方帮忙呈现创意，还厚着脸皮改了好几稿。后来，又请我推荐给她的设计师朋友帮忙做成专业稿件。历经几个过程，找了行业三个前辈，最终做出了自己的第一款商用作品。

"你还真有办法。"我欣赏地对阿冰说。"你是不知道哦，娜姐，做这个LOGO我可焦虑了，但是没办法啊，我都答应你了嘛，我把我的洪荒之力都使出来了。"阿冰说话总是很喜感，她有一种让人轻松的魔力。

“那最后做出来的感觉怎么样？”我很好奇我的“小心机”效果如何。阿冰一点也不谦虚地说：“感觉特别好，我发现我的人缘爆棚，特别幸运有很多人帮我，有的连面都没见过。这件事还给了我很大信心。我一直觉得自己读书成绩不好，在银行工作表现也不出彩，但是这件事能让我做成了，我觉得自己还是可以做成一些事的嘛，哈哈。”

在把喜欢的事情当饭吃的过程中，很多人会有这样一个误区：一定要完全准备好了才敢去市场上兑换价值。但是，**事实是你不去实践，你永远也不会准备好。**勇于对身边的机会说YES，像阿冰一样，一边忐忑一边前行，你才能在不断的尝试中，拓展自己的边界，遇见生命中的贵人。

验证“用一年时间重生”群体实践进行到半年时，我们组织了一场斜杠青年论坛活动，展示大家在经过深刻自我认识之后，知行合一浇灌天赋的成果。阿冰再一次抓住了突破自己的机会，高票获得了最具潜力斜杠青年奖项，最终在颁奖台上获得了插画师企鹅妈妈Alice的颁奖。正是因为这次颁奖，让Alice和阿冰结下了缘分。

后来，我把Alice招插画班助教的消息发给阿冰鼓励她去试试的时候，阿冰斟酌了一会儿给Alice发消息说：“Alice，我知道竞争的人一定很多，我也不会板绘，不过我还是想试试。”Alice回复说：“竞争的人是很多，但是我只见过你啊。”

于是，阿冰成为了Alice商业插画课的助教，一边协助插画课事务，一边可以近距离跟着Alice学手绘插画。这一段经历，打开了阿冰画画的大门，她掌握了更多的工具来呈现自己的创意。

阿冰不是我见过最努力的人，但却是我见过最不设限自己的人。我曾经问过阿冰，是什么底气让你连板绘都不会，就敢去做插画师助理呢？阿冰难得正经地说：**我觉得尝试不会有失败，顶多是知道此路不通而已。**

3. 求助是一种能力，勾搭是一门神技

成长，从来都不是一件可以闭门造车的事情。在从零开始学习一门新技能，发展一项新事业的时候，更是需要多跟前辈学习请教。即便阿冰常有幸运女神眷顾，“把喜欢的事情当饭吃”也并不是一条一帆风顺的坦途。

阿冰曾经苦恼过如何在坚持创意初心和迎合市场需求之间平衡，曾经迷茫过如何找到属于自己的绘画风格。每次面对这些困难的时候，痛苦和无力的感觉都异常真实，打再多鸡血也无济于事。

这时候，阿冰会找人聊天、向人请教。她会来问我插画路上职业发展的问题，找网络上认识的画师朋友请教具体绘画技术方面的问题。在跟人交流的过程中，心里的困惑慢慢地一点点解开。遇到前辈推荐的画家、画册和图书，阿冰都会买来仔

细看。当我看到她为了读懂画家席勒的英文版画册，一个单词一个单词查翻译的时候，我觉得这姑娘是真心喜欢画画的，为了画画去学板绘，为了画画去学英语，为了画画去学PS……

阿冰不是我见过读书最多的人，但却是我见过“师傅”最多的人。她有各行各业的师傅，勾搭师傅的途径也是各式各样。刷微博给喜欢的博主发表白私信，泡QQ认识一群天南地北的朋友，甚至在网易云听音乐也能链接到画画的小伙伴。在阿冰眼里，不一定要是专家大咖才是师傅，每个人身上都有她值得学习请教的地方。

她不会担心自己的问题很初级被人笑话，向人请教问题时会认真梳理自己的语言，表达清楚自己的意思，列举已经尝试过的方法。每次收到阿冰翔实而真诚的问题，我都能看出她对问题的思考，而不是伸手党不经思考就提问。不管有没有得到回复，阿冰都会真诚地发一个小红包感谢对方。

互联网时代，资讯已经不再稀缺，稀缺的是有针对性、能个性化指导的资讯。想要在新领域快速学习，就需要具备快速拣选高浓度、高参考度的信息。跟同行前辈请教，无疑是最直接和最有效的方式。告诉别人你的困惑，礼貌友好地请他人给予支持和帮助，并不是你不如人的佐证，反而是内心强大的表现。

阿冰是幸运的，她早早地发现了自己艺术创作方面的天赋。更重要的是，她开始浇灌自己的天赋，开始系统地学习绘画技术，掌握各种绘画软件和工具，让天赋得以发展成为自己的优势，从而支撑自己走向更广阔的世界。

回顾阿冰探索天赋的过程，你会发现艺术创作的天赋其实一直在她身上。天赋不是生命体，它不能用语言的方式说："嘿，看看这里，你的天赋在这里。"它只能通过散落在生活中的事件无声地表达，有时是阿冰淘到的一件别具风格的裙子；有时是朋友口中的一句欣赏："阿冰，你真有创意呢"；有时是一本让阿冰爱不释手的画册。天赋一直在用它的方式提示着阿冰，你的天赋也在用它的方式提示着你，关键就在于你能否读懂天赋的语言。

读懂天赋的过程，就像是一场寻宝之旅，而你需要一张人生寻宝图。

二、人生寻宝图，读懂你的无字之书

1. 最该读的是你自己这本"书"

一谈到学习，我们想到的就是看书。常常用读了多少本书来形容一个人知识渊博。不过，在人类六百万年的历史中，汉字的历史不足一万年。难道在汉字诞生以前，人们就不学习了吗？当然不是，只不过他们学习的不是有字之书，而是无字之书。先人观察星斗云移，掌握了星象知识；观察物候变化，有了二十四节气。在书本之外，蕴藏着更深刻的知识。

你有没有想过自己为什么总是对某些事情热忱不减，你有没有观察过自己的行为有某种规律模式，你有没有总结过在哪些特定的情形下你容易超常发挥？**每一个人都是一部无字之书，它记录了你的喜怒哀乐、天赋，只要稍微用心你就能发现蛛丝马迹。而你心心念念的热情，就存在于这些蛛丝马迹之中，等待你抽丝剥茧去发现。**

人生寻宝图

如果说人生关键词是前行的灯塔，指引你始终航行在使命的方向上。那么你还需要一张人生寻宝图，它像一张地图，可以告诉你最适合你的寻宝路径。在这里我还是想再次强调，人生寻宝图只在你知道目的地的时候才有用，如果你还不清楚你的目的地，也就是你的人生关键词，那么执着于路径是没有意义的。如果你有点遗忘人生关键词的内容，请随时翻阅第三章。

这张地图是由你的经历绘制而成的，当你仔细回溯过往经历时，你会发现你总是被某一类事物和体验所吸引，在那个事件中你感受到全然的兴奋和骄傲，就像站在人生的高峰一般，让我们称之为高峰事件吧。

2. 回忆高峰事件

我能回忆起的最早的高峰事件是在小学六年级，当时我以全校第一名的成绩小学毕业，得以有机会进入市重点中学读书。对于12岁的我来说，简直就是人生高峰。从县小学到市中学，学习优异的同学太多了，相比之下我的成绩只能算中等。我觉得很挫败，陷入了全面自卑，好在我没有放弃，每天坚持预习、复习，花更多的时间去练习习题，最终在三年之后从年级100多名进步到前10名，获得了保送重点高中的机会。

两次高峰事件都是关于考学的，我仔细分析个中过程，发现我擅长的就是学习本身。推导数学公式，背诵历史人文，不仅不会让我觉得辛苦，反而让我乐在其中。相较于女孩子喜欢的玩偶、衣服、言情小说，我对抽象概念和能举一反三的规律更感兴趣。从我的无字之书中，我找到了热情的第一条线索：**学习**。

接着，我又继续回忆那些让我记忆深刻的高峰事件。我发现发表文章是另一类让我感觉兴奋的事情。从小学开始，我就陆续有文章在学校校报上发表，中学时期的作文经常被当作范文让全班学习，大学时期还获得过上海世博会征文比赛一等奖，收获了当时不菲的一笔稿酬。顺藤摸瓜，我找到了热情的第二条线索：**文字**。

在我绘制的人生寻宝图中，除了考学、文字之外，剩下的就全是创业相关的内容了。诸如参加创业大赛获奖，加入硅谷创业周末为创业者服务的经历，自己创业做职业规划工作室的经历，等等。难道我的第三条热情线索是创业吗？好像不是，我喜欢创业，但并不是开疆拓土的CEO型人物，我更喜欢看到可能性发生，特别是激发一个人去做他从来没想过的事情，当他尝试后惊喜地发现自己的潜能原来如此巨大，我会由衷地感到快乐和满足。反观我的多次创业，其实都是在用不同的方式做激发个体潜能的事情，于是，我提炼出我热情的第三条线索：**可能性**。

高峰事件分析

当学习、文字、可能性这三条线索组合在一起的时候，我的人生寻宝图也就清晰了。终其一生，我就是要不断学习关于激发个体潜能的知识，将其转化为通俗易懂的文字传递给更多人，鼓励他们实现自己的可能性。

人生寻宝图的可贵之处在于它的结果完全来自你的经历感受。还有谁的感受比你自己的感受更重要呢？如果留心观察，你还能发现人生寻宝图里的热情线索和你的偶像经历也会有很多的相似之处。这就是说你之所以会崇拜一些人，是因为你原本就有成为他们的基因。

那么，接下来开始绘制属于你的人生寻宝图吧，找到你的热情线索，让它指引你走上适合你的道路。

三、绘制人生寻宝图，发现你的热情线索

1. 绘制人生寻宝图

第一步，准备一张白纸或者空白笔记本。在白纸中间画一条横线，将纸面分为上下两个部分。第二步，开始回忆你能想到的最早的一件高峰事件。高峰事件不需要轰轰烈烈，只要你觉得当时这件事情完成之后你特别骄傲自豪即可。第三步，回忆起这样的事件后，感受它带给你的兴奋感，然后在横线上

面找一个合适的位置画圆圈代表这件事。画的位置越高，代表这件事越让你兴奋。第四步，在圆圈处给这件事取一个精简的名字。比如：考上理想大学、带全家旅行、自己买了房子，等等。第五步，以第一件高峰事件为起点，以横线为时间线，将你能回忆起来的所有高峰事件都标记出来。第六步，人生除了一些高峰事件外，还有很多低谷的时期，请用相同的方法，把那些让你觉得挫败、遗憾，甚至后悔的事情标注在横线下方。第七步，将这些高高低低的圆圈按照时间顺序连成线。

这张心电图似的折线图就是你的人生寻宝图，里面藏着你的道路和卡点。关于卡点的部分可查阅第二章内容，这里我们关注高峰事件，提炼你的热情线索。

2. 读懂人生寻宝图

完成人生寻宝图的绘制之后，把每一件高峰事件都放到下面的问话中问问自己，并记录下你的回答。

A. 当时你为什么想做这件事？

B. 它（上一个问题的回答）为什么会吸引你？

C. 这个过程中，让你享受的环节是什么？

D. 请用一个词语概括这件事吸引你的核心。

下面我给一个示范，帮助你理解这个分析过程。

高峰事件：从年级100多名进步到前10名，获得中考保送。

A. 当时你为什么想做这件事?

回答：因为我不能接受自己100多名的成绩，我希望自己是成绩好的、优秀的。

B. “成绩好的、优秀的”为什么会吸引你?

回答：因为这代表我是会学习的人，我喜欢学习。我喜欢的事情，我就想把它做好，成绩是一个衡量标准。

C. 这个过程中，让你享受的环节是?

回答：我特别享受整个初中三年自己全身心投入学习的过程。当看完一本本教科书，做完一套套练习的时候，那种知识的获得让我感觉很享受。

D. 请用一个词语概括这件事吸引你的核心。

回答：就是学习本身，而且是抽象知识的学习。虽然我当时的体育成绩更糟糕，但是我并没有加强锻炼、提高体育成绩的想法，哈哈。

当你按照这组问话逐一完成所有高峰事件的分析后，你会发现，让你兴奋的事情虽然不一样，但是背后吸引你的、让你享受的本质是一样的。这就是你的热情所在，**答案一直在你身上，向内走才是光明的道路。**

你可以在本书配套的手册中找到人生寻宝图的具体操作指引，读懂你自己这本无字之书。

四、长板让你优秀，短板让你有朋友

1. 样样懂，不如精一样

有没有过这样一种经历：你有一位同事特别擅长活跃气氛，这让他在职场中很受欢迎。你很羡慕，于是也开始学习一些活跃气氛的技巧，比如“让别人一分钟喜欢上你”“如何讲笑话”“职场读心术”，等等。你照葫芦画瓢反复练习，却始终做不到像同事一样自然发挥。最后，你不仅没能成为活跃气氛的高手，最后连你自己的特色都没有了。

拿自己的短处去比别人的长处，还硬生生地想把短处变成长处。我们之所以有这样的想法，很大程度上来自我们从小受到的练习。读书的时候，当我们拿到考试成绩单，家长、老师甚至你自己都会重点关注拉低总成绩的那门科目，然后用各种方法提升弱势学科，提高总成绩。

有一个非常形象的比喻来形容这样的思维习惯，叫：木桶短板理论。一个木桶能装到多高的水位，由组成这个木桶的最短的那个板子的长度决定。短板理论在升学考试场景下是适用的，提升弱势学科10分可能比提升优势学科1分更有利于升学录取。但是，当我们离开校园进入职场以后，游戏规则就不一样了。

最大的区别是考试不需要协作，考试的时候如果找人“协作”还会被判作弊取消考试成绩，所以你需要尽可能地门门科目成绩都好，更多时候是自己一个人刻苦努力。而职场恰恰相反，不管什么工作，都离不开协作。跟领导协作、跟同事协作、跟客户协作，当我们相互协作的时候，都希望对方在这个领域是专业的、优秀的。协作产生的基础，就是你擅长的部分，对方不擅长；对方擅长的部分，你不擅长。

因此，在职场中短板理论就不再适用了。相反，你需要尽可能地精进长板优势，让它成为你的名片、代名词，成为你不可替代的理由。**上帝给我们优势，是希望我们发光，给我们劣势，是希望我们有朋友。**所以，对于短板，只要没有严重影响你基本能力的发挥，就找擅长的人去协作吧。

持续攻长板　合作补短板

接下来，你可能会有一个疑问：如何知道自己的优势是什么呢？这时候人生寻宝图又派上用场了，还记得你绘制人生寻宝图标记的那些高峰事件吗？它不仅能帮你找到天赋热情的线索，还能帮你识别出你的优势。

2. 识别你的优势

很多人不知道自己的优势是什么，不是因为自己没优势，或者是优势在外面别的地方。**恰恰是因为优势是每个人最自然、最擅长的思考和行为方式。优势对你而言就像走路一样自然，以至于你都没有察觉到：天啦，我居然会走路！**

所以，当你拿着放大镜去仔细回顾高峰事件的时候，你就能从中发现优势的蛛丝马迹。下面我们就来看一下如何识别自己的优势，请将你的高峰事件按照下面的问话方式问问自己，并记录下你的回答。

A. 完成这件事的过程中，你遇到了哪些挑战？

B. 面对这些挑战，你是怎么做的？请描述具体过程。

C. 请从你的做法中，提炼出你的优势能力。

下面我给一个示范，帮助你理解这个分析过程。

高峰事件：从年级100多名进步到前10名，获得中考保送。

完成这件事的过程中，你遇到了哪些挑战？

回答：从县小学到市中学，最大的挑战是我知识面和阅读量都不够，英语成绩薄弱。考试的时候，很多素材都没有听说过。

面对这些挑战，你是怎么做的？请描述具体过程。

回答：首先是增加阅读量，把老师和教材推荐的中学生必读书目都找来看，增加知识面和阅读量。其次是跟班上最优秀的同学做朋友，向她请教学习方法。然后是向老师请求给自己调整座位，从中后排坐到前三排，给自己营造良好的外部学习氛围。最后，就是上课认真听讲，记笔记，每天都坚持复习和预习。

请从你的做法中，提炼出你的优势能力。

回答：快速学习能力、逻辑分析能力、分类事物的能力、归纳信息的能力、集中注意力的能力、持续记录的能力。

当你按照这组问话逐一完成所有高峰事件的分析后，你就能总结出自己的能力，**那些反复运用到的能力就是你的优势所在**。如果提炼优势能力词汇有难度，可以参考下表所列的常见能力词汇。

词汇	解释
分类事物的能力	根据不同规则灵活组合或分组事物的能力
逻辑分析的能力	运用合乎逻辑的方法分析事物的能力
关联信息的能力	在看似不相关的事物中发现联系并归类的能力
事物排序的能力	根据特定的规则对事物进行合理排序的能力
记忆的能力	记忆文字、图形、信息等事物的能力
口语表达能力	能流畅清晰地进行口语表达
口语理解能力	能清楚地听到并理解口语的能力
书面表达能力	能流畅清晰地进行书面表达
书面理解能力	能阅读并理解书面信息的能力
解决问题的能力	对给定主题或情况，提出可行性解决方案的能力
集中注意力的能力	长时间不受干扰专注任务的能力
快速学习的能力	能快速理解新领域规律、掌握学习方法的能力

（续表）

词汇	解释
处理数字的能力	能使用编组、计算处理数字的能力
视觉化能力	能用图像、图形进行思考或表达的能力
问题识别能力	能提前感知、预判事情发展出现错误的能力
方向定位的能力	能正确感知、指示方位的能力
色彩辨别能力	能感知和区分不同事物色彩的能力
声音识别能力	能感知和区分不同声音特点的能力
贯注倾听的能力	集中注意倾听他人，给予恰当反馈的能力
监督推进的能力	监督自己或他人任务表现并改进的能力
团队协作的能力	跟他人共同合作完成任务的能力
传授教导的能力	指导他人理解、完成任务的能力
谈判协商能力	协调多方意见以达成一致的能力
说服的能力	说服他人改变想法或行为的能力
服务的能力	积极主动帮助他人的能力
编程的能力	编写电脑程序语言完成任务的能力
机械操作的能力	使用机械工具修理、装配、调试的能力
检查评估的能力	对产品、服务或过程进行测试和检查，评估质量或性能的能力
预算的能力	根据资源或资金，制订合理计划的能力
领导力	激励他人有效完成工作的能力
时间管理	有效管理自己和他人时间的能力

（续表）

词汇	解释
资料收集的能力	通过不同渠道收集所需信息的能力
计划组织的能力	制定合理目标和计划的能力
艺术特长	绘画、摄影、舞蹈、音乐等艺术能力
决策的能力	对问题、现状做决定的能力
持续记录的能力	记日记、流水账等保持信息更新的能力

（资料参考来源：www.onetonline.org）

你可以在本书配套的手册中找到高峰事件分析的具体操作指引，进一步明确你的优势能力。

五、变化的是职业，不变的是优势能力

对于职业规划多数人会有一个误区，以为职业规划就是规划出一个能够终身不用更改的具体职业。如果按照这个思路，你会发现你一直在追逐，却始终找不到那个一成不变的答案。

国民应用的微信是2011年上线的，之后推出了订阅号功能，催生了一批内容创业者。围绕内容挖掘、编辑和传播，形成了一种新兴职业——新媒体运营。

七年之后，也就是2018年。有一则新闻报道称：某商学院成为人社部教培中心新媒体课程唯一内容提供商，经过该商学

院培训认证的学员，将获得由人社部教培中心认证颁发的新媒体行业培训证书，相当于入行新媒体的敲门砖。也就是说，是先有了新媒体的应用场景和人才需求之后，才倒逼了新媒体培养体系的形成。换句话说，先在大学学习新媒体专业，毕业后再从事新媒体工作的传统思维已经行不通了。因为，当新媒体职业出现的时候，大学里还没有新媒体专业呢！

随着互联网、虚拟现实、人工智能等技术的发展，几乎每三年市场上就会出现大量新兴职业。与此同时，很多传统职业在消失。银行柜员正在被柜员机器取代，高速公路收费员正在被ETC系统取代。一份职业干到老的时代已经过去，未来是不确定的时代，对人才适应变化的要求也会越来越高。生涯咨询领域的泰斗人物金树人老先生说：**“生涯之学乃应变之学。”**意思就是，职业规划是一门关于应变的学问，它通过让你了解自己和外部世界，提前为不同阶段做好准备，并且掌握应对变化的自我调适方法。

当新媒体行业发展得如火如荼的时候，很多传统媒体人很恐慌，觉得自己快失业了。没错，也许世界确实不需要那么多报纸、杂志了，但是世界依然需要优质的内容。放眼望去，如今在新媒体行业做得风生水起的人多数是从传统媒体行业走出来的。吴晓波频道的创始人吴晓波老师自己就是出版人，罗辑思维的创始人罗振宇是从央视走出来的，等等。看起来他们是从传统纸媒跨界到了新媒体，实际上不过是换一个地方继续做着自己热爱擅长的事而已。

外部职业世界的变化是迅速的，而内在的自己是稳定的，以不变应万变才是职业规划的价值所在。当你从人生寻宝图和高峰事件中发现了自己的热情线索和优势能力之后，就相当于找到了内在稳定的部分，剩下的工作就是不断重组这些稳定的部分来适应外部变化。这个过程，就是制造可能性的过程。

六、开启你的钻石人生

1. 结构的威力

钻石以其稀有的价值和璀璨夺目的光芒备受大众喜爱，新人结婚常常也用钻戒来象征纯洁、坚贞不渝的爱情。为什么钻石能象征纯洁和坚贞不渝呢？原因一是钻石透亮的外观，象征爱情的光芒；原因二是钻石是自然界已知的最坚硬的矿物，象征爱侣之间牢固的感情关系；原因三是钻石是由单一的碳元素组成的，没有其他杂质，象征爱情的纯洁无瑕。同样是由单一碳元素组成的另一种矿物则完全没有享受到跟钻石同等的殊荣，那就是石墨，常常被用来制作铅笔笔芯。从外观上来说，石墨色泽碳黑暗淡无光；从质地上来说，石墨质地柔软很容易被折断；从价值上来说，石墨价格低廉不具备收藏价值。

为什么同样都是由碳元素组成，差异却如此巨大呢？原来是因为钻石和石墨的原子排列结构不一样。在钻石中，碳原子排列成四面体形，以这种无限连接的原子形成了坚固的刚性三维结构。而在石墨中，碳原子排列成正六边形的片状平面结构，层与层之间容易滑动，结构不稳定。

同样的元素，仅仅因为结构不同，就能形成如此大的差异，不禁让人联想到人和人之间的差异。同样是普通人，起点都差不多，但是结构不同，最终的人生状态也不同。

那么什么叫“人的结构”呢？我认为就是要素的组合方式。由此，我提出了钻石人生图的概念。**钻石人生图由四个部分组成，就像钻石的四个碳原子一样，分别是：热情、知识、优势和资源。**

钻石人生

2. 钻石人生的结构

热情，指内心对某件事强烈的兴趣，忍不住想要深入了解的动力。就像遇到让你一见钟情的意中人，你会忍不住想要了解TA更多，TA叫什么名字，有没有对象，喜欢什么，会不会喜欢你……这股想要了解更多的动力就是热情的感觉。热情跟爱好不一样，爱好是让我们愉悦的事情。比如听音乐，看电影，能让我们感觉愉悦，但是很少有人愿意持续在音乐、电影上精进突破下去。如果精进下去，那么音乐对他来说就不再是简单的兴趣爱好，而是上升到了热情的程度。

曾有一位向我咨询的来访者很喜欢听音乐，跟普通人听音乐放松不一样，他会从音乐中听出情绪起伏。在不同的场景，选择不同的音乐进行配乐，精准到一首5分钟的颁奖音乐能完全匹配5分钟的颁奖时长，在颁发一等奖的时候音乐达到最高潮。这样听音乐的方式，我想很少有人能做到，他就做到了，因为这是他的热情。

知识，指在某些领域掌握程度超过平均水平。我们每个人都知道很多知识，烹饪知识、地理知识、理财知识、心理知识，等等。但是，有的知识我们只是业余了解。高于平均水平的一个标准就是这个方面的知识你能系统地传授给他人，市场愿意为了获得你这方面的知识而给你付费。听起来好像是很难达到的水平，但实际上任何一个领域，只需要持续投入20个小时的有效练习就能入门。入门之后，继续投入50个小时的有效练习就能达到合格的水平。也就是说，任何事情你只要投入100个小时的有效练习就能超过平均水平。每天花1小时练习演讲，3个月后你就能成为演讲达人，足够你应付各种演讲场合，甚至还能教别人演讲。

优势，指做某些事轻而易举的能力，看起来就像接受过训练一样。比如小时候你看见奶奶缝制衣服，就能模仿给洋娃娃做衣服；第一次画画，看起来就像专业学过一样；不用看说明书，就能组装好一辆自行车……这些轻而易举就能做到的事情，就是优势信号。优势固然能够让我们轻松做好某些事情，不过想要把优势变成真正的竞争力，还需要在优势上面持续投入有效的练习。对优势最好的珍惜就是不断投入，使之成为你不可替代的竞争力。

资源，包括房产、汽车、设备等有形资产，也包括经验、学历、人脉、城市等无形资产。中国人讲究踏踏实实做事，只要自己有实力就不愁没舞台。殊不知，舞台也是需要争取的。在四个要素中，热情、知识和优势都很受重视，资源往往被忽略，好像凭借资源取得的成功，上不了台面似的，这是对资源极大的误解。资源整合不等于不劳而获，对资源的合理优化配置可以营造良好的外部环境，更有利于个人价值的体现。

以上就是钻石人生图的四个方面，**所谓逆袭其实就是不断**

提升、重组这四个方面的过程。当你带着结构的思维去规划你的人生时，才能收获结构的红利，如同钻石一样，从结构中获得稳定性和稀有性。

七、发现问题，问题就解决了一半

1. 绘制你的钻石人生图

通过前面的探索，你逐步明确了热情线索和优势能力，接下来就动手画一画钻石人生图，看看自己的现状是什么，接下来该怎么做。

以满分10分为标准，分别给自己的热情、知识、优势、资源四个维度评分，并写出四个方面具体的内容。

我2015年的钻石人生图

钻石人生

热情：0分
知识：0分
优势：4分
学习能力、逻辑分析能力、归纳总结能力
资源：4分
经验：体制内和创业的工作经验
人脉：体制内同事朋友
资产：重点大学文凭
城市：五线城市

这是我2015年的钻石人生图情况，当时我对自己的热情一点也不明确，不知道自己要什么，也不知道自己想成为什么样的人。于是，我给自己的热情评分是零分。虽然从大学毕业，也考进了体制内工作，但是我觉得自己并没有哪个领域的知识是超过平均水平的，所以知识这个维度的评分也是零分。至于优势，当时我知道自己擅长的就是考试了，优势能力就是学习能力、逻辑分析能力和归纳总结能力，差不多有4分吧。最后是资源方面，有创业和体制内工作的经验，人脉主要是体制内工作的同事，名下无房无车没有固定资产，重点大学文凭算是无形资产。工作生活在五线小城市，经济发展水平不高，信息相对闭塞。综合起来看，我给自己的资源打4分。

绘制钻石人生图的价值不是看自己有多少分，而是看清自己的现状以及问题的成因。因此，当盘点完我的钻石人生图之后，我突然理解自己为什么会觉得迷茫和无力了：不清楚自己的目标和方向，也缺乏撑起梦想的实力。

2. 常见的钻石人生图特点

对于多数人而言，钻石人生图大致会出现三类情况：**第一类**是知识和优势分数比较高，但是热情分数很低，感觉工作生活没有激情，想要改变现状却不知道从何下手。**第二类**则恰恰相反，热情分数比较高，但是知识、优势分数比较低，也就是能力还撑不起自己想要的生活，感觉无力甚至怀疑自己是不是走错了方向。**第三类**则是热情、知识、优势分值都挺高的，就是资源分数偏低，那么就会有怀才不遇的感觉，或者势能迟迟起不来。本书的前五章都在解决第一类探索热情、明确方向的问题；第六章会介绍如何打开势能局面，提升资源水平；第七章则会介绍如何进行主题学习，快速入门新领域，提升知识和能力水平。

不管是有热情没能力，还是有能力没热情，当你亲手绘制出自己的钻石人生图之后，都会有一种恍然大悟的感觉：哦，原来问题出在这里。其实，钻石人生图并不高深，就是利用一个简单的工具把你当下的状态形象化地呈现出来，你就能理解问题的症结所在。**这种理解之所以重要，是因为它能帮你从纠结和苦恼之中解脱出来，然后你才有机会正视问题，并且找到对症的解决方法。**

八、找准切入点，自然事半功倍

从钻石人生图中，我看到了自己现状的成因，也看到了接下来的行动方向。在热情、知识、优势、资源都偏低的情况下，我决定先从热情入手，先清楚自己想要成为什么样的人，想过什么样的生活，明确自己的使命，然后再去学习跟我使命方向一致的知识。在这个探索过程中，我的优势自然会得到提升，而资源也会相应地打开局面。

事实证明，我的策略是正确的。从2016年开始我就把自己的重心放在自我认识和探索上，凡是跟自我认识相关的图书我都找来看一看，凡是跟自我认识相关的课程我都尽力去学习，然后就有了本书开篇的故事。在明确自己热情方向的过程中，我接触到职业生涯规划，觉得很喜欢，于是持续深入学习，最终成为了一名职业规划咨询师。在一边学习一边实践的过程中，我身上更多的能力被挖掘出来，也认识了很多志同道合的朋友，参与到一个又一个有意义的项目中。短短三年的时间，我的钻石人生图就发生了巨大的变化。与之相应变化的，还有我的人生状态，从三年前的迷茫焦虑，到如今的目标越来越清晰，越来越笃定，并且实现了自己想要的自由人生活方式。

我2018年的钻石人生图

钻石人生

热情：10分

关于个体潜能的真理、体系化的个人成长方法论

知识：7分

生涯规划、重生年计划系统、内在力量系统

优势：8分

逻辑分析、归纳总结、创意策划、计划组织、教导指点、顾问咨询、文字/口语表达、团队协作等

资源：5分

经验：多组织从业经验

人脉：校友、创业伙伴、师长朋友等

资产：名校学历、各类认证证书

城市：新一线城市

我并不打算止步于此，看着现在的钻石人生图，我知道下一步我该重点提升资源维度了。于是，我和几位志同道合的闺蜜一起创办了“闺蜜力量”，聚合大家的优势能力和资源把过去我一个人做的个人事业孵化咨询升级成为公司运作的个人事业孵化教育。通过创业来倒逼我进一步向外链接，进一步提升自己，进一步挖掘人生的可能性。相信再过三年，我的钻石人生图又将是另一番光景。

所谓有结构地成长，就是根据当下的状态，找准切入点启动成长。实现阶段突破进入下一个阶段后，继续找准切入点带动成长，如此循环往复，最终实现升级和突围。

平凡如我做到了，那么你也可以。

第五章
制订专属年计划，开启个人事业

一、真实案例：家庭、副业、职场都是练习场

1. 无法兼顾，那就试试整合吧

行动力超强、精力充沛、没有情绪内耗是咨询中Sally留给我的深刻印象，也是她吸引众多妈妈的特质之一。Sally在体制内工作，每天需要处理很多常规内容，有时候还需要出差、加班。她不仅能够高效完成工作，获得领导同事认可，还有时间坚持写作、锻炼身体。工作之余运营着两个社群，每个月要组织两场线下活动和多场线上分享。也许你觉得这是很多职场女性都能做到的事情，不足为奇。可是，当你知道Sally还育有一儿一女，是两个孩子妈妈的时候，你还会觉得稀松平常吗?

扪心自问，如果我是两个孩子的妈妈，估计早就蜡烛多头烧，焦头烂额了。每一位认识Sally的宝妈，都很好奇她是如何兼顾家庭工作，还有富余精力学习提升，开启个人事业的。

Sally的法宝之一是：把家庭、副业和职场都当成练习场，整合起来运转，而不是分割成彼此割裂的部分。**能做到这一点，是因为Sally找到了她的主线：做一个外表柔如水、内心稳如山的女人。要达到这个状态，核心关键是情绪修炼。**

还有什么比养育孩子、经营夫妻关系、处理职场人际、聚合创业团队更能修炼情绪的呢？如此一来，当Sally早上安抚孩子上幼儿园的时候，是在学习情绪沟通；在工作中接到临时额外任务的时候，是在学习情绪调节；在被爱人“放鸽子”取消烛光晚餐的时候，是在学习情绪释放；在帮助团队小伙伴解决棘手问题的时候，是在学习情绪引导……

而当Sally转身去写作、去分享、去咨询的时候，这一切学习就都派上了用场。也就无所谓兼顾家庭和工作，因为主线让一切都整合在了一起。

很多家庭女性觉得家庭、事业很难兼顾，就是因为陷入了“分”的思维。现代社会也的确是“分”的主流，我们把职业分为市场、销售、产品等；把学科分为文科、理科、工科、艺体。就拿经济学单一学科来说，也要分为宏观经济学、微观经济学、行为经济学等分支。“分”的思维能让我们术业有专攻，社会分工更明确，运转更高效。而在生活中，我们则需要更多使用“合”的思维，找到自己“合”的主线，像Sally一样把家庭和事业都变成自己的练习场。

2. 人生关键词让人生忙而不乱

Sally的第二个法宝是人生关键词，经过咨询梳理她定位出内外兼修、分享价值、平衡三个关键词。**用Sally的话说：“尽管看起来我做了很多事情，很忙碌，但实际上就是在围绕这三个关键词开展，所以我是忙而不乱的。”**

定位人生关键词

定位出人生关键词之后，Sally在原本高效的生活状态之下继续开挂。她相继完成了生涯规划咨询师和婚姻长乐讲师培训，正在准备完成正面管教亲子讲师培训，进一步将她在婚姻家庭方面的心得整合起来，形成自己的体系。与此同时，Sally联合志同道合的小伙伴一起创办了全能妈妈社群，开始践行第二个关键词：分享价值。至于第三个关键词“平衡”，更是Sally的优势所在。每个月雷打不动陪伴孩子三个周末，一个周末用来举办线下活动；每天中午利用午休时间回家陪伴尚未入园的小女儿。

Sally特别注重陪伴孩子的质量，而不是时长。只要跟孩子在一起，她是绝不看手机的。即使孩子一个人在旁边玩儿，她也会用眼神注视着孩子，给予眼神上的关注。在高质量养育的滋养下，两个孩子都成长得特别开朗活泼。每天哥哥上幼儿园的时候，会跟Sally玩从1数到10的“拜拜”仪式，然后心满意足地进到幼儿园尽情地跟小朋友玩耍。妹妹呢，常常会稚嫩地跟保姆阿姨说：“阿姨，我爱你。你爱不爱我呀？”孩子的状态，反过来也滋养了Sally，让她能够更加精力充沛、热情饱满地投入每天的工作生活中。

3. 停止内耗，能掌控的永远只有当下

Sally的生活也并不是一帆风顺的，面对各种突发状况，她的第三个法宝就是：**不忧过去，不惧未来，停止内耗。**

有一次Sally已经准备到外地参加学习培训，女儿支气管炎发作住进医院。作为母亲，Sally当然也会心急如焚，可是她的应对方式却不太一样。她联系好医生，安排好家人看护，给女儿准备好一切住院需要用的细软用品，然后按照既定计划飞到

外地参加培训。在培训过程中，她祝福女儿一切顺利，然后就全心全意地投入到学习中。

我问Sally是如何做到心无旁骛的，她说："着急是没有用的，平常我已经做足了功课，给予孩子面对困难的爱和勇气，也安排好了孩子住院的一切事宜，至于面对本身需要孩子自己去经历。我能做的就是祝福，然后该干嘛干嘛。远在千里，身处培训课堂，我掌控不了孩子的病情，唯一能掌控的就是此时此刻专心听课，停止没必要的内耗。"

停止内耗，这是多么棒的生活态度啊。其实很多时候，家庭女性不是忙在照料家庭或者兼顾工作，而是忙在工作的时候担心孩子，陪孩子的时候担心工作，**这种看不见的情绪内耗才是吃掉效率的罪魁祸首**。

这就是Sally带给我们的启发，用人生关键词串起工作和生活，把职场、家庭都当成练习场，停止没必要的内耗，妈妈们就能释放更多潜能。

二、"幸福苹果树"，重新定义你的生活方式

1. 整合就是最好的平衡

很多人都惊讶于Sally是如何把工作、家庭、事业、个人成

长平衡得如此完美的，那是因为在Sally眼里，工作、家庭、事业、个人成长都不是彼此独立、相互分割的，它们本来就是一个整体，这个整体叫“生活”。“家庭事业平衡”的观点来自将家庭和事业割裂的视角，当你把家庭和事业看作两种不一样的内容时，当然需要考虑如何平衡，才能让你的生活不至于失重。可是，你会发现不管你如何精打细算地分配时间，依然容易被各种突发事件所干扰。

原本计划今天陪孩子看电影的，结果临时有紧急工作任务必须加班；原本打算给自己一天时间安静看书学习的，结果孩子学校开家长会必须出席；原本想跟伴侣过一个难得的二人世界周末，结果十年未见的老同学来拜访打乱了你的安排……这就是生活的真相，变化永远比计划快，试图在各种不确定性中坚持所谓的“1：1家庭事业平衡”几乎是不可能的，反倒给自己招来无法掌控生活的挫败感和打击。

问题并不出在你不能坚持，恰恰相反，每个人活到现在都因为坚持了一件事，那就是生活。**你需要的仅仅是在生活中给自己厘清一条主线，串联起你的家庭、事业和个人世界，那么过日子本身就是坚持。**

Sally正是明确了自己的人生关键词，提炼出“情绪修炼”作为自己的主线，于是家庭、副业和职场都变成了她修炼情绪的练习场。原本让人闹心的突发事件反而成了Sally情绪修炼的最佳考题，个人成长也不再局限于一小时的阅读时光，反而扩展到无限的生活空间。过日子本身就在学习成长，还有比这更好的工作生活平衡方式吗？

2. “幸福苹果树”，重新定义你的生活方式

通过自由书写和偶像人物分析，再结合人生寻宝图和钻石人生图，我已经明确了自由、真理、分享三个人生关键词，清楚自己想要成为什么样的人、过什么样的人生，并且知道学习、写作和可能性激发是我的热情线索，接下来我该如何将这些抽象的认知融入鲜活的生活呢？

没错，我需要一条主线来整合我的工作生活。我的关键词之一是真理，我对它的理解是：探索个人潜能的发展规律，总结出行之有效的方法。因此，一切跟个人潜能有关的学科、领域、经验、知识都是我的练习场。如果把终身成长理解成一棵蓬勃生长的苹果树，那么个人潜能就是我的“苹果树干”，是我一切发展的重心和支撑。接下来我开始罗列自己工作生活中的所有板块：职业规划咨询、个人事业孵化、写作、闺蜜创业、亲密关系、家庭事务、个人健康、个人财务、旅行、学习等。这些内容就像是苹果树上的“苹果”，我的人生幸福与否就看“苹果树”上是否能结出个儿大且甘甜的“苹果”。

要想培育出优质的“苹果”，就要保证“苹果”能通过

“苹果树干”汲取到营养。也就是说，工作生活的板块需要跟主线紧密连接。因此，我逐一将工作生活板块的内容跟“个人潜能”主线进行连接，看是否能从个人潜能的角度重新定义我要做的事。

职业规划咨询是我的主要工作内容和收入来源，当我把它跟个人潜能的主线结合起来的时候，我发现咨询有了超越物质的意义。咨询不再是我谋生的工具，它跟我的人生目标结合起来了。以探索个人潜能发展规律的视角去做咨询，我就不再是单纯解决来访者的职业困惑，而是在收集第一手的资料，进行一场虽然耗时却意义巨大的社会研究。反过来，个人潜能的研究视角也能促进我的咨询水平，当我站在时代规律的层面去理解来访者的职业困惑时，就能非常清楚来访者所处的阶段以及未来将面临的情况，从而给出具有前瞻性的建议。

同理，我以探索个人潜能发展规律的视角重新审视了工作生活的其他方面，有连接的部分就优化加强其中的意图和方法，没有连接的部分就减少这件事在我生活中的比重，甚至是舍弃。

经过筛选后，我工作生活中的所有面向都跟主线紧密联系，相互补充。就像苹果树上结出的苹果，每一个苹果都跟树干紧密联系着，并且相互滋养，形成良性的生态系统。**我不再觉得自己需要切换身份去应对生活的不同场合，而是从内在升起一股合一感，因为我了解到：我做的所有事情都来源于并指向一个方向。**

三、种下你的“幸福苹果树”，最容易的坚持是生活

1. 画出“树干”

按照自由书写、偶像人物分析、人生寻宝图和钻石人生图的梳理，提炼出三个人生关键词。通常这三个关键词中，有一个词代表的是你和自己的关系，比如滋养、自由、平衡等词，强调的是你理想的身体和精神状态。有一个词代表的是你和外界的关系，比如分享、影响、助人等词，强调的是你理想中跟外界互动的关系。还有一个词代表的是你的价值所在，或者说你在这个世界上的“代言身份”，比如我的关键词真理，就是希望自己能透过现象看到本质，把本质的价值带给世界，活出“真理代言人的身份”。

倩倩的关键词是语言和旅行，说明她希望通过语言和脚步不断拓展看世界的边界，从而活出“行者代言人的身份”；阿冰的关键词是创造，说明她希望通过自己对世界的理解，创造出有灵魂的作品，从而活出“创造代言人的身份”。

找到这个代表你价值和化身的关键词，在一张白纸的中心位置画出树干并写上这个关键词。这将是你未来三到五年的主线，通过它筛选、整合你工作生活的所有面向，你就能抵御干扰你的诱惑，同时形成自己的主心骨，在信息爆炸的洪流中也不会迷失，反而能怡然自得地坐在一叶扁舟上静观潮起潮落，

卧看云卷云舒。

2. 找出“苹果”

接下来，在白纸的边角处罗列出目前你所有的工作生活项目，尽量细化和全面。例如，不要单纯地写“工作”，而是要具体写出工作中你主要负责的板块，像客户沟通、报表分析、设备检查，等等。可以尝试把工作分解为对上跟主管的模块、对下跟下属的模块、对左跟客户的模块、对右跟同事的模块、中间是自己工作能力提升的模块，写出对应的常态工作内容。

同理，生活也分解为对上跟父母的模块、对下跟孩子的模块、对左跟伴侣的模块、对右跟朋友的模块、中间是自己个人成长的模块，写出对应的常态生活内容。

罗列出以上所有的内容之后，逐一将其跟你的树干关键词连接，看是否能重新定义你在做的事情或者将要做的事情。在Sally的故事中我们提到过，Sally工作中对上跟主管的模块经常会有临时性的委派任务。如果没有跟树干的关键词“情绪修炼”链接，这些工作就只是单纯的工作，有时候会变成人的负担。可是，当Sally用情绪修炼主干视角重新定义这些额外工作的时候，就会发现这些工作都是极好的情绪修炼机会，可以锻炼她在临时任务中的焦虑、抵触情绪，反过来又能加深她对情绪修炼的理解，成为自己教学中的鲜活素材。

而那些跟树干关键词关联度低的事情就果断舍弃或者授权给他人协助完成。举个例子，我经常收到一些创业项目的邀请，有些项目前景很好，在做决策的时候我会把这些项目跟我的树干关键词做匹配，如果项目的价值跟我的关键词价值关联度不高，那么我就会谢绝邀请。这不仅能节约我做决策的时间，也不会错过跟我真正匹配的好项目。

完成筛选后，将保留下来的“苹果”画在你的“苹果树”上。其中工作和生活分别挑选三个重要的“苹果”画大一点，表示这些是重点，其他的“苹果”可以画小一点。每一个“苹果”都画一根树枝跟树干相连接。在树枝上写出这个“苹果”跟“树干”连接的方式。例如，Sally有一个陪伴孩子的“苹果”，这个“苹果”跟情绪修炼“树干”连接的树枝上就可以写：

当孩子生病或者惹我生气的时候，用情绪修炼的视角去看待；

当孩子伤心或者有情绪的时候，用我学到的情绪修炼方法引导孩子表达自己的情绪；

学习一些儿童心理学，掌握更多关于孩子情绪引导的知识；

……

当你罗列出所有苹果和树干的连接方式后，你就会知道哪些领域是你学习的重点。例如Sally写了很多跟沟通相关的内容，那么沟通技术就是她在情绪修炼主干下的细分学习重点。

这样一来，Sally就能在海量的学习内容中找到她需要的，而不至于陷入学习的焦虑中。

3. 最容易的坚持是生活

完成这个过程后，你就种下了一棵属于自己的“苹果树”。这棵苹果树的树干是你的修炼核心，树上的苹果是你的工作生活内容，每一个苹果都经过了筛选和重新定义而跟树干相连接。通过照料“苹果”，你的“树干”得到丰富的滋养，越来越茁壮。反过来，茁壮的“树干”又能支持苹果树长出更多更大的“苹果”。

“幸福苹果树”

整个过程就是你的生活，你无须在照顾家庭的时候担心自己没有投入工作而落后于他人，也无须在工作的时候因为没有陪伴家人而感到歉疚。因为每时每刻你都在做照料“苹果”

的事情，而这些都将滋养你的“树干”，聚焦你的生活，丰富你的人生。试想一下，当你工作生活的所有面向都围绕一个主干，指向一个方向的时候，你是否还会有割裂感？是否还需要花时间来纠结做什么、不做什么？你是否还会焦虑自己没有时间学习成长？

没错，你不需要了。过去这些浪费在焦虑、犹豫、迷茫的时间和精力通通可以节约下来，用来去做更有价值的事情。而在做每一件事情的时候，你知道你不再是简单完成工作、陪伴家人，而是在滋养“树干”，**你思考的方式和做事的心境就会完全不一样，日积月累带来的差异就是平庸跟卓越之间的距离。**

你可以在本书配套的手册中找到“幸福苹果树”的具体操作指引，重新定义工作和生活，找到主心骨，减少不必要的纠结和迷茫。

四、重生年计划，用一年时间重生

1. 清晰就是力量

“学英语”“减肥”“学摄影”“学编程”“学游泳”“一个人去旅行”……这些内容是不是经常出现在你年初给自己订的计划中？不管制订计划的时候多么热血沸腾、信念坚定，用不了多久这些计划就会被淡忘在琐事里。等再想起来的时候，大半年已经过去了，然后一边懊恼，一边又把这些计划写进下一年的计划里。如此反复，最后发现几年过去了，自己依然还是没有长进。

同样是一年时间，为什么有的人年初、年末一个样儿，而倩倩能探索发展出第二职业，阿冰能从零基础学画画成为插画师，Sally在兼顾工作家庭的同时，还能进修自己感兴趣的领域为职业转型做准备？

不是因为她们更聪明，也不是因为她们更努力，而是因为她们够清晰。清晰地知道自己想活出什么样的人生，自己的人生关键词是什么。也清晰地知道自己的优势是什么，该用什么方法践行自己的关键词。最后，把这些清晰的道理逐一落实到行动中，一年时间足以让她们重生一个新身份，实现一种新可能。

反过来再看“学英语”“减肥”“学摄影”这些零散的计划，极少是从内心出发设定的真实计划，多数是跟风式盲从和眼红式效仿。看见有人通过记录50斤减肥历程成为微博大V，收获美满爱情和全新事业，自己也心痒决定记录锻炼马甲线的过程，打卡几天效果不如预期，就草草收场不了了之。在多数人看来，这是没有意志力的表现，如果坚持下去人生肯定能逆袭。意志力的确很重要，但是你有没有想过自己为什么不能坚持？

如果一件事情既不是你内心深处真实的渴望，又不是你擅长的事情，只是看见别人做发生了改变，就强迫自己去做，那么光是花在强迫自己去做的精力就耗费了大半意志力，还有多少意志力能够支撑自己坚持下去呢？换句话说，你明明是山坡上的一棵苹果树，却非要强迫自己长成山脚下花园里的玫瑰花，这已经不是靠坚持就能完成的事情了。

所以，在确定一个方向准备持续坚持之前，想清楚自己要什么，进行深刻的自我认识是非常有必要的。这个过程哪怕慢一点也没关系，厚积方能薄发。

2. 有系统地成长

"系统"这个词在英文里面是system，把system创造性地拆分开来，可以写成：Save Your Time，Energy and Money（节约你的时间、精力和金钱）。

我认为这是对"系统"非常形象的总结，**做一件事情倘若能从系统的角度出发，让事情本身成为系统中的一环带动其他环节的发展**，那么就能达到四两拨千斤的效果。

养殖产业中的桑基鱼塘模式，就是运用系统思维倍增效能的经典案例。江南水乡鱼米富饶、盛产蚕桑，明清时期就有农民开凿湿地蓄水成塘，塘中养鱼，鱼粪沉积化为塘泥又是桑树绝佳的肥料。桑叶养蚕，蚕丝加工成丝绸，蚕粪又可喂鱼，由此形成了蚕桑和鱼塘双循环的种养模式，极大提高了生产效率，为江南成为中国经济重心奠定了坚实的基础。

单纯养鱼或者种植桑树都只能收获有限的成果，而一旦形成系统，将鱼、桑、蚕结合起来，系统的叠加效能就能大大提高生产效率，成倍收获劳动成果。同样地，如果在个人成长或者职业发展中，也学会运用系统的思维，那么就能在做一件事情的同时达到完成好几件事情的效果，从而倍增成长收获。

在我用一年时间从公务员转变为自由人的过程中，系统化的思维方式功不可没。初学职业生涯规划的时期，我在一家职业规划工作室负责运营事务，策划与职业规划相关的线上、线下活动。活动选题、文案撰写、报名咨询、嘉宾邀请、现场执行、后续跟进都全程参与。在这个过程中，我没有把自己简单定义为“做活动”的，而是用系统的视角来重新梳理我要做的事情，我问自己：

做一场活动，对市场有什么价值，如何做能支持市场调研工作？做一场活动，对运营有什么价值，如何做能支持运营执行工作？做一场活动，对员工有什么价值，如何做能支持员工个人成长？

有了这样的前置思考后，我在完成活动运营本职工作的背后，同时运转了三条工作线。第一条工作线是市场调研线，在常规活动报名表中精心设计了问题采集，收集参与者对活动最感兴趣的问题和需求。几十场活动执行下来，我就有了一个关于职业规划非常全面的问题库，而这些都是产品研发非常宝贵的第一手信息。第二条工作线是活动运营线，每次活动虽然话题不同，但是流程大致相同。每一场活动结束之后，我都在24小时之内复盘分析，记录下执行中出现的各种问题，然后想出解决方案，投放到下一次的活动中进行验证。几场活动下来，就迭代出了一套完整的活动执行手册，相关的数据和文档整理分类，上传到公司网盘，几乎可以做到新人一上手，马上就可以知道如何相对完美地做一场线下活动。第三条工作线是人才挖掘线，在活动执行中我会留意实习生的表现，用职业规划的角度去分析他们的特点，在事后跟实习生交流确认，协助他们在工作实践中识别自己的优势，去做更能发挥自己优势的工作模块，从而让团队配合达到最佳效果。

得益于系统化的思维，我在非常短的时间内完成了活动运营的本职工作，同时还掌握了活动运营技巧，为日后开展社群运营积累经验；沉淀了运营标准，可以快速培训助手，组建团队；收集到了市场数据，为开发有针对性的课程产品提供指导信息；还培训了实习生，支持年轻人更好地发展。**做一件事情的同时达到多重效果，这就是系统化思维带来的倍速成长。**

3. 制订有系统效能的重生年计划

重生年计划之所以不同于普通年计划，就是因为它具备清晰和系统效能的价值。重生年计划由人生关键词、关键词描述、优势路径、量化目标、四维度日程五部分组成。其中人生关键词和优势路径的价值就在于清晰——清晰地知道自己要去哪里以及如何去，这就是方向感。同时，人生关键词和优势路径之间，优势路径和四维度之间又形成循环系统，相互促进、倍增效果。下面我们就一起来制订属于你自己的专属重生年计划。

重生年计划

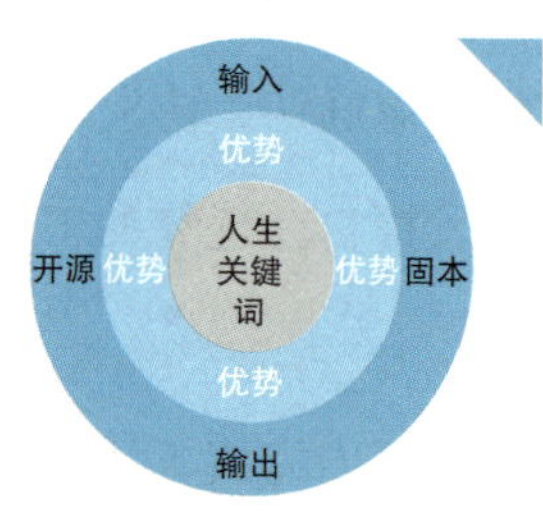

什么是重生?

你有一个主心骨，你只是每年在这个主心骨上不断升级，从点做到面，从面做到体，从体做到生态。

（1）第一步：提炼人生关键词

在参考第三章的内容完成自由书写之后，从100条书写条目中归纳出你反复提到的内容。比如写了很多关于学习、旅行、助人的梦想，那么学习、旅行、助人就是你初步的人生关键词。接下来问问自己，你学习的目的是什么？旅行的目的是什么？助人的目的是什么？你可能会说学习的目的是为了让自己有不可替代的竞争力，不担心被下岗。旅行的目的是为了体验更丰富的人生，拓宽视野。助人的目的是希望通过你的人生阅历分享可以鼓舞其他人勇敢去过自己想要的人生。这时候，学习、旅行、助人三个初步关键词就可以进一步提炼为成长、体验、激励。

绝大部分人的理想生活状态都可以归纳为学习、旅行和帮助他人，之所以要进一步深挖和提炼，就是因为每个人有不一样的个性特质。真正能指引你的人生关键词，一定是带有你个人特色的，即便是相同的词，每个人的理解也是不一样的。

从自由书写中提炼关键词是一个向内求的方法，接着还需要向外看，从你崇拜的偶像身上找印证。同样参考第三章的内容，完成偶像人物分析。偶像什么样的人生经历，你也想拥有？由此进一步提炼出你的人生关键词。三个人生关键词中，通常一个词代表你和自己的关系；一个词代表你和外界的关系；一个词代表你的价值所在。

人生关键词是重生年计划系统中的核心，它像是我们人生海洋上的灯塔，指引我们前行的方向。对于初学者而言，提炼的人生关键词至少可以聚焦三年的成长方向。随着你对自我认识的加深，你的人生关键词会有变化，变得更接近你的本质，最终趋于稳定，成为你终身成长的基石。

（2）第二步：关键词描述

每个人对词汇的理解不一样，即便是同一个关键词在不同人的解读中也会有不同的含义。**关键词描述的意义在于让你透过单词本身去链接关键词带给你的感觉。**

自由、真理、分享是我的三个人生关键词。我对“自由”的理解有四层：首先是肉身自由，可以不用固定在某个地方工作生活；其次是时间自由，可以自由安排自己的时间；再次是财务自由，有底气不用为了钱去做自己不想做的事；最后是精神自由，超脱凡尘、脱离苦海。

可能我一辈子也无法达到精神自由，但是这并不妨碍我以此为人生目标，即便是朝着这个方向努力，就已经让我很满足了。从我对自由的描述来看，自由这个关键词代表的就是我跟自己的关系。我对第二个关键词“真理”的理解是体悟个人天赋潜能的真谛，首先是明确自己的真理，然后是发现找到真理的方法，支持更多人活出自己的天赋潜能，所以真理这个词代表的是我的价值所在，也是我的事业方向。我对第三个关键词“分享”的理解是用我擅长的方式分享关于个人潜能的发现，这代表我和外界的互动方式主要是文字、演讲和个人孵化。

经由关键词描述，关键词才真正跟你产生链接。它不再是冷冰冰的词，而是你未来三年、五年、十年能活出的人生版本。

（3）第三步：优势路径

如果说人生关键词是你理想人生的目的地，那么优势路径就是你去往目的地的道路，而且是最适合你的快速通道。根据

第四章“人生寻宝图”的内容，从你觉得很有成就感的事情中发现热情线索，再结合关键词和优势能力就可以制定适合你的优势路径。

以我个人为例：文字是我的热情线索之一，那么写作就是非常适合我的路径。至于写作方向是什么，就要看人生关键词了。我向往自由的生活方式，分享个人发挥天赋潜能的真理，那么我的写作内容就主要以自由生活、个人成长为主。

学习是我的热情线索之二，加上我具备逻辑分析、归纳信息、提取概念的优势能力，做一名以学习为业的知识生产者就很适合我，比如老师、作者、研究员等。而自由、真理的关键词又让我的学习领域主要聚焦在个人如何活出天赋人生的领域上，与之对应的学科就有心理学、逻辑学、脑神经科学、职业生涯规划、管理学等。

发现自己和他人的可能性是我的热情线索之三，加上我具备传授教导的优势能力，咨询就成了我践行热情人生的方式，结合我的学习领域，成为一名支持他人活出天赋热情的职业规划咨询师、个人事业孵化教练就是我的职业定位。经过上述分析和整理，我的重生年计划就长这个样子：

重生年计划表格

人生关键词	自由	真理	分享
关键词描述	肉身自由 时间自由 财务自由 精神自由	探索及总结个人发挥天赋潜能的系统方法	分享这套方法
优势路径	自由职业的工作生活方式	知识生产者，专门生产发挥天赋潜能的知识	写作 培训 咨询/孵化
总结	职业方向：职业规划咨询师、个人事业孵化教练 研究领域：天赋潜能、自由人 呈现形式：写作、授课、咨询		

这个表格看起来很简单，实际上内含乾坤。首先，人生关键词激活了内在动力，再结合优势能力和热情线索做自己喜欢擅长的事，行动计划就变得更容易坚持，也更容易取得成效。其次，经过人生关键词筛选出来的学习领域，能够让你在信息洪流中避免干扰，始终有清晰的主线，不至于样样都想学却什么也没学好。最后，人生关键词明确了未来三年到五年的愿景，优势路径明确了具体路径，每年只需要在此基础上精进就好，相当于一年学习行动方案。如此一来，你会发现你的人生变得特别简单和清爽，少了很多纠结和混乱，更能享受生活的乐趣。

（4）第四步：量化目标

有了目标和方向，接下来要做的就是设定可量化目标。所谓可量化，指的是能用准确的数字或者具体状态来评估完成效果的标准。比如大学生设定“找一份好工作”的目标，这样的目标太笼统，评估起来就有难度。如果量化成“找一份在一线城市月薪6000元的有发展前景的工作”，这样的目标就有明确的量化指标来评估最后是否达到了既定目标。计划除了需要有量化目标之外，还需要量化的目标是合理的。对应届毕业生来说，“找一份在一线城市月薪6000元的有发展前景的工作”是比较合理的目标，但是“找一份在一线城市月薪5万元的有发展前景的工作”就显得没那么合理了，甚至是不可能完成的目标。

在理解了量化目标以及合理性目标的作用之后，接下来我们就可以量化重生年计划的年度目标了。

量化重生年计划

人生关键词	自由	真理	分享
关键词描述	肉身自由 时间自由 财务自由 精神自由	探索及总结个人发挥天赋潜能的系统方法	分享这套方法
优势路径	自由职业的工作生活方式	知识生产者，专门生产发挥天赋潜能的知识	写作 培训 咨询/孵化
总结	职业方向：职业规划咨询师、个人事业孵化教练 研究领域：天赋潜能、自由人 呈现形式：写作、授课、咨询		
年度量化目标	职业规划咨询个案100个	主题阅读100本 国内培训学习1次 国外培训学习1次	写作100篇 线上线下演讲100场

检验量化目标是否合理的一个简便方法就是把年目标分解成月目标，看是否有足够的时间精力去完成。假设我的年目标是完成100个案例咨询，分解到每个月至少需要完成8个案例，也就是每周完成2个案例（相当于24个小时）。评估一下时间

和精力，如果按照既定计划，就意味着减少陪伴家人的时间。我并不希望如此，因此就在年度目标基础上做减法，把量化目标调整到自己能接受的范围，从而保持自己处于匀速前进的状态，而不是短跑冲刺的状态。

一口气给自己制订太多计划，过分透支精力不仅不利于身体健康，还极有可能完成不了目标，引发挫败感。因此，我建议在完成量化目标的制定之后，至少做一个项目的减量。

减量重生年计划

人生关键词	自由	真理	分享
年度量化目标	职业规划咨询个案100个	主题阅读100本 国内培训学习1次 国外培训学习1次	写作100篇 线上线下演讲100场
月度量化目标	职业规划咨询个案8个/月	主题阅读8本/月 上半年国内培训学习 下半年国外培训学习	写作8篇/月 演讲8场/月
减量后的年度量化目标	职业规划咨询个案70个	主题阅读50本 国内培训学习1次 国外培训学习1次	写作50篇 线上线下演讲25场
减量后的月度量化目标	职业规划咨询个案6个/月	主题阅读4本/月 上半年国内培训学习 下半年国外培训学习	写作4篇/月 演讲2场/月

到这里就基本完成了重生年计划的制订，接下来就是落实到每一天的行动中。对多数人而言，制订计划并不难，难的是执行。因此，一种既能提升效能感又能创造幸福感的执行方法就显得尤为重要。

根据多年经验总结，我发现：**效能感来自工作生活中的成果，幸福感来自良好的人际关系。**当你在生活中能持续感受到成就感和幸福感的时候，你就有持久的耐力去践行年计划的目标。在此基础上，我总结了四维度日程管理法，下面我们就来具体学习什么是四维度日程管理法。

五、提升效能感和幸福感的日程管理法

1.效能感的来源——输出

四维度日程管理法由输出、输入、开源、固本四个维度组成。**输出，指的是为他人产出价值**。输出的方式有很多种，比如读书笔记、观影笔记、课程学习分享，跟家人朋友分享心得，高质量完成工作任务，等等。

四维度日程管理

尽管我们每天都在上班工作，但是并不代表每天都在产出

价值。一杯茶一份报纸坐一天的工作就不叫产出价值，产出价值的质量也决定了效能感的质量。同样是贴发票的工作，A员工能在规定时间内正确完成贴发票的工作，为公司产出了等价于他薪酬的价值。而B员工不仅能在规定时间内正确完成贴发票的工作，还能运用数据统计进行财务分析，为公司提供节约成本的建议，那么他为公司产出的价值就超过了他的薪酬，老板不为他升职加薪，自然会有别家公司的老板为他升职加薪。

从这个角度来看，原本是为了娱乐消遣看一场电影，如果能写一篇观影心得发布在网络上，也是一种有价值的输出。输出不仅需要有价值，更重要的是需要**对他人有价值**。写日记对自己来说是一种输出，但是你的日记别人看不到，无法共享你的价值，那么这样的输出就不是四维度定义中的输出，而是一种滋养自己的行为，在四维度里称之为“固本”。

如果你感觉自己很努力却依然很“穷”，通常就是为他人输出的价值不够多或者不够好。检视一下你每天的时间，有多少是花在为他人产出价值的事情上，你就知道改变该从哪里开始了。

2. 持续输出的源泉——输入

“输入”在四维度日程管理法里指的是为输出提供养料，但凡能够让你汲取养料的方式都可以称为“输入”，例如看书、参加课程、跟前辈请教、反思总结，等等。

想要有持续不断的输出，就需要有持续不断的输入学习。并不是在书桌前认真看书才叫学习，只要有心，无时无刻都可以进行输入学习。

有一段时间，我的工作内容需要制作手机海报。但是我完全没有设计基础，也没有空余的时间去学习平面设计。怎么办呢？后来我发现了一个方法，在上下班路上完成了平面设计小白入门学习，而且还是免费的。我是怎么做到的呢？其实很简单，地铁站、公交车站有很多户外广告，等车的时候我就琢磨这些户外广告的设计，分析那些抓住我眼球的广告的构图设计、色彩搭配、文案撰写。用等车的时间记下广告主要元素，再用乘车的时间用来思考分析，不懂的地方就用手机快速搜索，第二天就尝试用到海报制作中。这样一来，我就把广告主花大价钱请专业人士设计的广告变成了自己的教科书，并且用碎片的通勤时间完成了入门学习，最后转化成工作成果。

毕业离开校园以后，成年人很难再有大块时间安静学习，于是就需要练就随时随地、就地取材的学习能力。如果你感觉自己才思枯竭、创造力退步，甚至有被掏空的感觉，多半是你很久没有输入学习了。静下心来思考一下你的工作生活，想一想什么技能和知识在三年之后能帮到你，就从现在开始去接触、去学习。**生活就是教室，职场就是考场，请用一双善于发**

现的眼睛，去探索这个丰富多彩的世界吧。

3. 让你事半功倍的方法——开源

“开源”在四维度日程管理法里指的是创造链接、拓宽视野的事情，比如走一条没有走过的下班路，跟很久没联系的朋友打个电话，参加一场活动认识新朋友，去旅行，帮朋友一个忙，等等。

之所以把开源列入四维度，是因为成长不是一条单行道，在自己的业务领域待久了，思维往往会固化，反而会制约发展。巴菲特的超级合伙人查理·芒格就非常提倡跨学科学习，还作了一个形象的比喻：**如果你手里只有锤子，那么看什么都是钉子**。跨学科、跨界学习能让你的“工具箱”里不仅有锤子，还有扳手、螺丝刀和锯子。你能提供的解决方案越多，你的个人价值也就越大。

除了跨界学习，开源还有拓展人际链接的意思。即便个人能力再强，也不可能脱离社会分工和协作。相反，多元丰富的人际关系能够成倍放大你的个人价值，增加未来可能性。

在重生年计划线上训练营中，就有一位非常善于开源链接的学员——MAY姐。MAY姐坐标武汉，在体制内有一份稳定的工作，孩子逐渐长大成人，她有了更多属于自己的时间。于是，MAY姐利于业余时间学习写作，采访身边各行各业的优秀人才。功夫不负有心人，如今MAY姐加入了武汉作家协会，还成了一名独立采访人。通过采访她认识了很多朋友，还看到了各种有趣的人生。MAY姐说：**“四十岁出头，我觉得我的人生才刚开始，我的未来还有很多可能性。”**

如果说输出让你成为有价值的人，输入让你持续成为有价值的人，那么开源则能将你的价值转化为可能性，推开机会之门，通向丰盛人生。

4. 自制幸福感的配方——固本

“输入”“输出”“开源”都在讲如何通过高质量投入获得有效成长，但是我并不认为像急行军一样冲冲冲的状态是生活的全部。相反，真正让我们感觉幸福的事情往往来自细微之处。跟自己独处1个小时，做10分钟的静心冥想，给自己做一顿丰盛早餐，对伴侣表达感谢，和孩子一起玩游戏……这些关照健康、滋养内心、经营重要关系的事情，我称之为“固本”。**没有了健康和重要生命关系，再高效的输入和输出也无法让你感觉到幸福。**

这是一个快速变化的时代，逆袭的速度跟淘汰的速度一样快，每个人都在全力以赴争取进入快车道，不敢有一刻停歇。奥林匹克精神“更快、更高、更强”似乎也成了我们每一个人的精神信仰。本书中也不乏追求快速成长的论调，“用一年时间重生”就是最凝练的总结。

不过我对快速成长的理解是这样的：**你有一个主心骨，你只是每年在这个主心骨上不断升级，从点到面、从面到体、从体到生态**。在外界看来，你很忙、很快，像是奔流不息的河水。但是你知道你做的所有事情都在围绕你的核心，巩固你的根本，滋养你的内心，外在的忙碌只是表象，内在的你其实是一座屹立不倒的高山。

这种状态用我闺蜜兼事业合伙人、资深形象设计师丁杨晨曦的四字经总结就是：**手忙心闲**。忙碌在热爱的事情中，平和喜悦自在心间。这是多妙的生活哲学啊，通过明确人生关键词，践行四维度日程管理法，希望你也能活出手忙心闲的状态。

5. 用四维度日程管理法规划你的每一天

很多职场精英女性不喜欢被人称作“女强人”，因为“女强人”听起来是一种不得已的选择，一种很孤单的状态。白天在职场上能呼风唤雨，晚上回到家却只能独自神伤。很多家庭女性也不喜欢被人称作“家庭主妇”，因为“家庭主妇”听起来是一种牺牲自我的选择，一种依附他人的状态。尽管每天操持家务、料理三餐非常忙碌，却常常感到空虚和惶恐。

生活就像跷跷板，一边是个人实现的成就感，一边是融入关系的幸福感。过分侧重任何一边，都会造成失衡。最好的生活状态，就是找到二者之间的平衡。平衡并不来自单一的决定或者短期调整，从大城市回到小城市，换一份不加班的工作，来一场说走就走的旅行，短期内也许能让你感觉良好，很快生活的惯性又会把你拉入失衡的怪圈。

所以，我们需要有觉知地去生活，在无序的生活旋涡中不断练习掌舵划桨的技巧。四维度日程管理法就是一种很好的帮助我们达到持续成长和幸福的平衡点的方式。每天晚上，抽10分钟时间根据“输出”“输入”“开源”“固本”规划第二天的日程，具体步骤如下：

重生四维度的一天

输出：为他人产出价值	输入：产出价值的燃料
1.写咨询客户报告 2.作业点评 3.重生年计划上课	1.内在力量主题学习 2.跟闺蜜交流读书心得
开源：链接创造机会	**固本：幸福感的来源**
1.问候北京、上海的老朋友 2.帮朋友转让健身卡 3.跟团队开会 4.受邀合办xxx比赛	1.31分钟冥想 2.跑步3km 3.泡脚

第一步：在当天晚上把第二天要做的事情根据四维度分类规划好，尽量让四个维度都有事情做。有的事情可能同时符合几个维度，可以分别描述。比如和闺蜜一起喝下午茶谈天说地，既是链接关系的开源事件，交流中收获心得又是学习成长

的输入事件，可以用不同描述同时放进不同维度中。

第二步：快速评估一下四个维度的待办事项是否过量，尝试把大事项分解成小事项，分多日多次完成。比如你计划采访一位前辈，就可以把采访分解成联系被采访人、沟通采访大纲、准备采访资料、进行采访、采访文章撰写、采访文章审稿、采访文章定稿等小任务，然后一天做一点，逐步完成。

第三步：不要把日程安排得太满，留出一点空余时间，以便灵活应对临时任务。

第四步：特别重视固本维度，不要因为待办事情多，就压缩滋养自己的时间，哪怕抽10分钟静心冥想也会对提升幸福感有莫大的帮助。

第五步：第二天结束时，做一个快速复盘。看哪些内容如期完成，新增了哪些内容，又有哪些内容没有完成，根据情况进行调整再做下一天的安排。

试想一下，如果每天你都能做一点为他人创造价值的事情（输出），做一点为成长积累学习的事情（输入），做一点跨界链接、拓宽视野的事情（开源），做一点关照自己、回馈家人的事情（固本），而这些事情都跟你的人生关键词紧密联系，那么你的精力、时间就会像从放大镜中穿过的阳光，经过折射聚焦在一个单点，产生足以点燃火堆的能量。同样，这也是能让你用一年时间实现重生的能量来源。

第三部分 技能篇

第六章
自由人的工作生活整理术

一、巧用大脑的五个方法，十倍提高个人效能

1. 越高效，越自由

一谈到自由职业，多数人会被前两个字“自由”所吸引，觉得自由职业就是睡到自然醒，做自己喜欢的事情，不用看任何人的脸色。其实这是对自由职业最大的误解。自由职业首先是一种职业，其次才是自由。作为一种职业，就有相应的职业要求。事实上，能活得好的自由职业者，往往都是效能达人，用一个小时的时间完成三个小时的任务，才能多出两个小时享受真正的自由。

自由职业者的高效主要体现在三个方面：在时间方面，能做到单位时间创造更多价值；在能力方面，能做到一个人就是一家公司；在情绪方面，能做到快速调节降低内耗。**自由职业不是轻松的活儿，它向来都是强者的游戏。**如果你想成为一名有发展前景的自由职业者，就需要提升个人效能，而效能提升的秘诀就藏在我们每个人的大脑里。

2. 了解大脑运行机制

心理学研究表明，人类拥有三套负责认知、决策的脑系统，分别是反射脑、思考脑和存储脑。

反射脑关注当时当下，特点是速度快，在你还没有反应过来的时候，反射脑就已经完成了工作。反射脑的运作机制来自远古人类的生存方式，当远古人类进行狩猎的时候，必须时刻警惕周围的环境，一有风吹草动就必须立刻做出反应。那些在狩猎中反应速度快的远古人类更容易幸存，他们的基因也就有更多机会遗传下来。

反射脑之所以能够做到“即时反应”，很大部分要归功于基因记忆。请阅读下面的文字，感受一下你第一时间想到了什么。

想象你正站在绿油油的草丛中，茂密的草丛没过你的膝盖。周围一片寂静，你能听到微风拂过草丛的声音，还能嗅到泥土的清香。这时候，你忽然听到草丛里发出"窸窸窣窣"的声音，正由远及近地传来……请问，这时候你想到了什么？

很多人的答案是：蛇。有趣的是，即便是从来没有经历过在草丛中遭遇蛇的人，联想到的也是蛇。这就是基因记忆，是千万年来无数在草丛中遭遇毒蛇袭击的祖先烙印在记忆里，通过基因一代一代遗传下来的。于是，当现代人经历类似情形时，即便是在假想中也会"感同身受"，不仅联想到蛇，甚至连汗毛倒立、身体僵硬的反应也如同身临其境一般。

反射脑快速反应的特点能够保护人类在面临危险或者突发状况时，快速做出自保反应。这是原始人类在野外生存必不可少的"大脑装备"。不过，现代人的生存环境已经跟远古人类的生存环境大不相同了。全凭本能条件反射的行为在某些情况下还会妨碍现代人的工作生活。比如看见高热量食物就忍不住流口水，立刻吃掉对远古人类来说是预防好几天找不到食物的明智策略，但是对现代人来说，就容易引发高血压、糖尿病等疾病。

这时候就需要思考脑的介入。思考脑负责抽象思考，通过逻辑分析、权衡利弊做出长远来看对自己有利的决策和行为。当你在阅读这段文字并试图理解的时候，你的思考脑就正在工作。思考脑工作的时候会消耗大量能量，所以长时间专注工作一段时间后，很多人会想吃点甜食。这是因为糖是人类大脑主要的能量来源，大脑对葡萄糖的消耗量，比身体任何器官消耗的都要多。当用脑过度的时候，适当补充一些健康糖分，有助于缓解大脑疲劳。

思考脑除了消耗能量大以外，还有一个特点就是一次只能专注一件事情。**现代人所谓的“一心多用”表面上看起来是同时在做多件事情，实际上思考脑是在A、B、C等多种任务中不断切换，每次切换都会带来能量损耗。**看起来一边回复邮件，一边跟客户讲电话很高效，实际上思考脑不断在后台进行切换，对信息的接收质量并不好。

那一边开车一边用蓝牙讲电话又怎么理解呢？这种“一心多用”好像并没有影响效率。从遵守交通安全规则角度出发，我个人并不提倡一边开车一边讲电话。就这个例子而言，开车和讲电话分别是反射脑和思考脑在工作。驾驶经验丰富的人在每天都经过的路线上行驶，对什么时候该转弯、什么时候该减速形成了身体记忆，大部分工作由反射脑完成，富余的脑力才能支持思考脑做其他事情，比如讲电话、听电台，等等。

有了反射脑进行快速反应，思考脑进行抽象思考，大脑还需要对接收到的各种信息进行整理和存储，这就是存储脑的工作。

信息爆炸的时代，我们的大脑每天都要吸收数十亿字节的信息。据说《纽约时报》一周的信息量，相当于17世纪的学者毕生所能接触到的信息量的总和。因此，存储脑将信息进行分类和存储的工作就显得尤为重要。存储脑就像图书管理员，把大脑接收到的信息分门别类地整理存储在对应空间里。记忆过程实际上就是大脑对信息进行有效检索的过程，所以要想“过目不忘”就要保证存储脑的工作状态。

存储脑和思考脑相互配合。当思考脑在工作的时候，存储脑处于休眠状态。一旦思考脑停止工作，存储脑就会开足马力工作。最常见的思考脑休息、存储脑工作的时间就是睡眠时间。长期失眠所造成的记忆力减退，就是存储脑无法工作的表现。除了夜间的睡眠之外，日间给思考脑一些“放风”时间，比如静心冥想、打个盹儿，都可以促进存储脑工作。

反射脑　思考脑　存储脑

3. 巧用大脑提高效能

了解了大脑运行机制后，就可以巧用这些机制，让大脑更好地为我们服务。下面是我根据实践总结出的五种方法，对提升个人效能很有帮助。

（1）自动驾驶法："驯服"反射脑

我们每天会做出各种各样的选择，比如"今天穿什么衣服""晚饭吃什么""周末早上是8点起床还是10点起床"……假设每天你要花30分钟来思考决定这些生活琐事，那么一年下来就是10950分钟。按照4个小时读完一本书，这些耗在生活琐事决策上的时间足以让你读完45本书。

我们知道反射脑的特点是即时反应、速度快，如果能把这些生活琐事决策从思考脑转移到反射脑自动处理，就可以加快处理速度，每年就可以多出阅读45本书的时间。

那么如何把这些事情从思考脑转移到反射脑呢？答案很简单，只要训练自己形成条件反射即可。著名心理学家巴甫洛夫用狗做了这样一个实验：每次给狗送食物以前打开红灯，响起铃声，这样经过一段时间以后，铃声一响或红灯一亮，狗就会开始分泌唾液。

同理，我们也可以模仿这个实验"驯服"反射脑，激活反射脑最擅长的条件反射机制自动接管一些工作。"驯服"反射脑形成条件反射的窍门就在于定时定点做固定动作。扎克伯格深谙这个道理，衣橱里最多的就是T恤和牛仔裤。除了一些必须着正装的场合，扎克伯格常年都穿灰色T恤和牛仔裤。在清华大学演讲时，扎克伯格被问道："为什么总是穿同一件T恤？"他的回答令人深思：

"我想让我的生活尽可能变得简单，不用为做太多决定而费神。这样才能把精力集中在更好地为社会服务这些重要的事情上。有时候考虑穿什么、吃什么都是一个很令人疲惫的过程，如果把心思放在鸡毛蒜皮的事情上，那我就没有在认真做我该做的工作。"

对天生喜欢打扮的女性来说，可能无法做到常年只穿一套衣服。不过，你还是可以有策略地简化大脑决策过程。例如我个人的穿衣习惯就是：

尽量买套装，不用费事二次搭配；

将固定搭配的上装和下装挂在一个衣架上，随取随用；

准备好特定场景的服装，比如运动场景、雨天场景、宴会场景、商务场景等，同样搭配好挂在一个衣架上，随取随用。

除了穿衣服，在吃什么、早上几点起床的琐事上，也可以设计一些规定动作。例如周一午餐固定吃台湾卤肉饭，周末早上固定7点钟起床。找到生活工作中那些可以定时定点做固定动作的事情，然后不断重复直到成为条件反射，就能利用反射脑快速处理，从而提高日常效能。

（2）双脑运转法：一小时用出两小时成效

当反射脑在“自动驾驶”的时候，思考脑就可以趁机做一些思考工作。这样一来就可以在同一个时间段完成多项工作，提高时间利用的效率。

典型的场景就是在固定上下班的通勤路上收听电子书或者课程音频。每天都从同一个地铁口进站，使用同一个闸机刷卡进入，站在同一个位置等候地铁，从同一道门上车，待在同一个位置上，再从同一道门下车、出闸机、出站，整个路线重复多次直到闭着眼睛都能准确无误地到达目的地。这时候就可以让反射脑在后台“自动驾驶”，思考脑就可以做一些轻量级的内容，诸如听电子书、构思汇报方案、背单词，等等。

由于思考脑喜欢专注、连续性的工作，因此轻量级内容的选择也有技巧。例如我在通勤、做家务时，就会选择听一些通俗易懂、时长中等、主题连续的听力素材。得到App专栏在这方面就做得很好，每个专栏都围绕一个主题，有上百节内容，每节内容持续15~20分钟，讲明白一个小点。在双脑运转的时候，这样的难度是思考脑可以接受的，同时话题和时长有一定的持续性，减少思考脑的切换过程。上百节内容足够覆盖半年的通勤时间，又节约了选择学习素材的脑力。

我就是用双脑运转的方法，利用每天通勤、做家务的时间在不到一年的时间里听完了300多节心理课和50多本心理类电子书。这些素材经由存储脑整理，反过来又能支持思考脑从事真正重要的大块的工作，比如我的主要工作内容咨询、讲课和写作。

其他利用双脑运转把一分钟掰成两分钟用的场景还有：

A. 排队时间用手机采购日用品或者打亲情电话；

B. 早上蹲马桶的时候构思晨间写作提纲；

C. 洗澡的时候思考一些棘手问题；

D. 刷牙的时候听一节BBC英语。

（注意：请一定在保证人身安全的情况下合理使用双脑运转法。）

（3）狩猎法：开足火力，一击即中

如果说自动驾驶法、双脑运转法都是技巧，那么“狩猎法”就是真正的硬功夫。在非洲大草原上，一只猎豹瞄准了猎物，它全神贯注地紧盯着猎物的一举一动，调动全身肌肉警惕地靠近猎物。突然，猎豹像箭一样冲出去，一击即中扑倒猎物，直接命中要害，然后享受它的“大餐”。

我们在处理大块重要任务的时候，也需要像猎豹一样全神贯注，开足火力一击即中。对我来说，需要全神贯注的场景就是写书。在完成这本书的时候，我同时还要兼顾个案咨询、线上课程、协作项目和家庭事务。我的方法是在早上6点到8点，关掉手机和网络全身心地写作，一口气写完当天的任务量。然后才打开手机和网络，开始处理日常的工作事务。

把最困难的工作放在晨间集中完成的好处有三点:第一，早上大家还没有开始工作，即便关机也不用担心错过重要事情。第二，经过一晚上的休息，早上的头脑是最清醒的。俗话说“好钢用在刀刃上”，用最好的状态处理最重要的事情，效果也会比较好。第三，在一天刚开始的时候就完成了当天最重要也是最困难的工作，信心会大增，接下来的工作就会觉得很轻松，会有一种“做一点赚一点”的愉悦感。

不管是职场人，还是自由人，在晨间开足思考脑的火力，全神贯注投入重要工作都是至关重要的事情。甚至可以说，**一个人是否能够实现个人自由，就看他是否能够每天坚持做点儿能在未来帮助自己的事情。**

什么叫“帮助未来的自己”？具体来说就是回答这样一个问题：**三年后的你具备什么条件，能够让你有更多从容选择的机会？为了具备这样的条件，现在你可以开始做点什么？**

帮助未来的自己

23岁的时候，我的答案是：三年后的我如果能保持对世界的好奇心和敏感度，就能让我有更多的人生选择机会。于是，我开始在工作之余，每天坚持1~2小时的精读。还没等到三年，当时的阅读积累就发挥了价值，在学写作的时候帮助我快速上手。

24岁的时候，我的答案是：三年后的我如果能不做月光族，有一笔积蓄，就能让我有更多的选择机会。于是，我找了一份兼职，开始了白天公务员，晚上辅导员的“双轨工作制”。还没等到三年，当时兼职的收入就发挥了价值，是我有底气离职的一个很重要的原因，给了我宝贵的试错时间。

25岁的时候，我的答案是：三年后的我如果能成为某个领域的专业人士，拥有不可替代的竞争力，那么我就能有更多的人生选择机会。于是，我在做运营工作的空余时间，自学职业生涯规划课程，兼职做公益咨询。还没等到三年，当时公益咨询的积累就为我打开了新的收入渠道，让我实现了自由人移动办公的理想生活方式。

26岁的时候，我的答案是：三年后的我如果能形成自己的知识体系，提升单位时间价值，那么我就能有更多的人生选择机会。于是，我把挣来的钱大部分花在了进修学习上，参加高质量的课程。还没等到三年，当时的学习积累融会贯通之后成了我打造个人品牌的坚实基础，时薪也翻了数十倍。

27岁的时候，我的答案是：三年后的我如果能出版一本书，那么我就能有更多的人生选择机会。于是，我开始收集整理素材，总结这几年自己的成长心得，开始构思图书大纲。还没等到三年，出书的目标就实现了。

现在我28岁，关于这个问题的答案是：三年后的我如果能有强健的身体，充沛的精力，那么我就能参与更多有意义的事业，拥有更多的人生选择机会。于是，我开始运动锻炼、购买私教服务、调整饮食。现在的积累会如何帮助三年后的我？我不知道，但是我相信一定会像过去一样，让我庆幸提前做好了准备。

多数人生活的困局，往往在于安逸的时候没有为未来提前储备，等到需要的时候已经来不及了。人生一直处于补课状态，负重前行只能看着机会一个个从身边擦肩而过。所以，时常问问自己：**三年后的你具备什么条件，能够让你有更多从容选择的机会？**然后从现在开始投入，去创造三年后你需要的条件。把思考脑宝贵的能量花在对未来有意义的事情上，啃硬骨头，下硬功夫，你的人生才会越活越轻松，道路越走越宽阔。

（4）一休法：聪明休息，更聪明

“自动驾驶法”“双脑运转法”“狩猎法”都在讲如何利用反射脑和思考脑的运行特点提高效能。不过一直让大脑高速运转，再强大的大脑也会不堪重负，待机罢工。更何况大脑得不到良好的休息，存储脑没有工作机会，也就无法消化整理大脑接收到的信息，长远来看反而对提升个人效能不利。

20世纪80年代有一部家喻户晓的日本动画片叫《一休哥》，里面白白胖胖的光头小和尚一休，机灵又可爱，常常灵光乍现想到解决问题的好方法。他喜欢说一句口头禅："嗨，不要着急不要着急，休息、休息一下。"一休哥之所以能有这么多灵感，跟他会休息有很大关系。

对现代人而言，一说到休息最容易想到的就是窝在沙发里追剧或者直接躺在床上呼呼大睡。这些都不是最好的休息方式，有时候甚至会觉得越睡越累。这是为什么呢？原来大脑功能是分区的。每个半球分为前额叶、后额叶、顶叶、颞叶和枕叶，分别负责精神功能、思维功能、体觉功能、听觉功能和视觉功能。

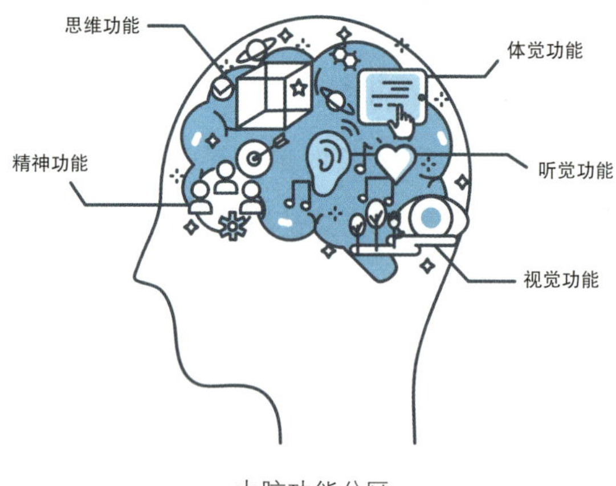

大脑功能分区

当你在阅读这本书的时候，负责思维和视觉的脑区处于活跃状态。过了一会儿，你觉得有点累了，合上书本躺在床上休息。闭上眼睛让负责视觉的枕叶区得到了休息，可是你仍在思考刚才阅读的内容，负责思维的后额叶区并没有得到休息，所以你还是会觉得很累。那么怎样才能让后额叶区休息下来，快速从阅读消耗中恢复精力呢？方法就是切换脑功能区，比如做10分钟平板支撑、唱一首歌、看远方的风景，等等。用激活其他脑区的方法让消耗过度的后额叶区得到休息。这样不仅能让想要放松的脑区得到真正放松，还能做点别的事情，一举两得何乐而不为呢？

许多成功人士，多数有锻炼的习惯。著名企业家王石酷爱登山，52岁的时候登上了珠穆朗玛峰，成为中国登顶珠峰年龄最大的一位登山者。马云热衷太极拳，不仅自己练习了数十年，在阿里巴巴招聘的时候还曾邀请应聘者打一段太极拳试试。美国前总统奥巴马也曾透露“每天再忙，都会抽半个小时跑步”。运动对这些每天日理万机的精英人士而言何尝不是最好的放松方式呢。

日间的时候，通过运动、小憩快速恢复精力。晚间的时候，则需要通过睡眠激活存储脑工作，进一步消化整理白天接收到的信息。合理利用睡眠，还能有意识地产生“灵感”。

脑神经科学家猜测人在似睡非睡的过程中，白天活跃的大脑皮层还未被完全抑制，大脑里还留存着深度思考的痕迹。这时候做梦，就很容易梦见跟白天思考内容有关的梦境，甚至是创造性的解决方案。

德国化学家凯库勒在研究苯的分子结构时，先后考虑了几十种6个碳原子和6个氢原子的结合方式，还是没有弄清楚苯的分子结构。凯库勒被这种思考弄得疲惫不堪，他躺在安乐椅上靠着壁炉休息，不知不觉进入了梦乡。梦中他看到一群原子旋转起来，像是一条蛇咬住自己的尾巴。凯库勒赶紧把梦中看到的“蛇”形原子顺序记在纸上，终于发现了苯的环状分子结构。这个梦中发现使他在科学界一举成名。

我自己也有过许多次做梦产生灵感的经历。在构思这本书的大纲的时候，我一直没有很好的思路。晚上睡觉前，我先花五分钟时间再次构思大纲，然后暗示自己：待会我会躺下，然后开始做梦，在梦里我接收到图书大纲的灵感，我很喜欢这个创意并且觉得很兴奋。在做暗示的时候，我就想象自己接收到灵感的过程，甚至真的去感受那种兴奋感。接着，我就照着我暗示的步骤躺下、睡着、进入梦乡。这样练习几天后，果真就在梦中接收到了我需要的灵感。这听起来有点不可思议，不过我们的大脑就是这么神奇。

下一次当你用脑过度的时候，与其倒头就睡不如做做眼保健操，活动活动筋骨，照样能恢复精力，还能强身健体。睡觉的时候，试试暗示法，对于一些需要创意的工作也很有帮助。

（5）五分钟线程法：减少耗损，就是增效

即便是精心保护思考脑运转不被打扰和中断，实际工作生活中还是免不了遇到各种突发事件，打断我们的进程。比如看书、写作、做PPT、乘地铁、赶飞机等时刻，突然同事、朋友或者客户发来一条消息需要你反馈。

遇到这样的情况，你可能会抓狂，一边郁闷被打扰，一边继续处理手上的事情，试图屏蔽刚才的干扰。不过，你会无奈地发现，“那条新消息”就像恼人的苍蝇，一直在你心里“嗡嗡”直叫：“现在做还是待会做？做吧，好烦，我又不是随叫随到。不做吧，人家等着呢。”

这时候你看似还在做自己的事情，实际上已经分心了。既没有专注做手里的事情，也没有处理那条消息，无端还生出许多烦恼，效能耗损就是这样形成的。

有一个简单易行的方法可以优雅应对这种情景，我称之为**“五分钟线程法”**。“线程”这个词来源于计算机术语，指的是程序执行中的最小单元。你可以把“线程”理解成火车车厢，整列火车就是“进程”。如果把人脑类比成电脑（当然，人脑比电脑精细复杂得多），那么人脑思维活动的过程就很像电脑运行程序的过程。思考脑被突发事件中断就类似线程阻塞，看起来就像电脑死机。

五分钟线程法

这时候，如果你的大脑里有类似电脑应对中断情况的程序，就能快速判断，做出反应。计算机之所以高效，就在于没有犹豫、没有情绪、没有纠结。在计算机编程语言里，有一个特别常用的语句：

```
If（条件）
{
当条件为true时执行的代码
}
else
{
当条件不为true时执行的代码
}
```

这个语句运用到现实生活中，可以写成这个样子：

```
If（突发事件能在五分钟内处理掉）
{
X=“马上处理”
}
else
{
X=“稍后处理”
}
```

翻译成人话就是：当出现突发新事项弹出时，快速判断该事项是否能在5分钟内处理完。如果可以，就马上切换过去处理掉，避免占据大脑后台程序，拖慢整体运转速度。如果不能在5分钟内处理完，就果断放进待办事项稍后处理。

“五分钟线程法”的优势在于规则清晰简单（是否能在五分钟内处理掉），几乎可以立马做出判断。同时，不管什么判断最后都能导出一个明确执行结果（马上处理或者稍后处理）。

不要小看“五分钟线程法”的作用。如果你一天要遇到好几次临时任务，这个方法可以最大限度地减少被中断的时间，更重要的是能稳住情绪。要知道一旦情绪失控，你可能要花好几个小时才能平复。下面我们就用几个例子来实际体验一下：

场景一：你正在写年中汇报，老板突然让你给他找一份文件。

快速判断：这份文件能否在五分钟内找到？

判断结果：能。

行动执行：暂停写年中汇报，马上去找文件。

进阶执行：把同主题的相关文件一并找到交给老板。

场景二：你正在准备会议资料，男朋友突然发消息想跟你吃晚饭，让你预定餐位。

快速判断：预定餐位能否在五分钟内完成？

判断结果：能。

行动执行：暂停准备会议资料，马上预定餐位。

进阶执行：把餐厅电话一键收藏或者存入通讯录，方便日后使用。

场景三：你正在面谈客户，同事突然打电话给你请协助给一个业务数据。

快速判断：业务数据是否能在五分钟内提供？

判断结果：不能。

行动执行：告知同事稍后回复，在大脑中将此事项放进待办任务里，不再留恋，继续专心跟客户面谈。

进阶执行：告知同事稍后给他回复，如果着急他可以先联系另一位同事。

二、无纸化人生，再建一个线上大脑

1. 效率是整理出来的

据美国一项“Lost & Found Survey”（“失物找回调查”）发现，美国人平均每年要花2.5天时间用来找东西[①]，经常找的物件是电视遥控器、手机、钥匙和眼镜。如果加上工作上找文档的场景，我相信浪费的时间会更多。

为了避免浪费时间用来找东西，我坚持两个小习惯：**固定东西放在固定位置，每天花5分钟时间整理。**

（1）固定东西放在固定位置

作为一名自由职业者，我经常全城、全国移动办公。如果每一次都要重新收拾行李，浪费的时间足够我看一本书了。所以，我会把常用物品统一放在固定位置。比如讲课的时候，必备的物件有：电脑、苹果电脑转换器、投影笔、记号笔、电脑

① 资料来源 :https://www.prnewswire.com。

和手机充电线、便携音箱和充电线、檀香和托盘、精油和香薰机，等等。我用一个专门的收纳包放这些东西，每次讲课拎包出门就行。

手提包、行李包和化妆包里长期准备上湿纸巾和创可贴以备不时之需。到外地出差住酒店的时候，东西第一次拿出来放在哪个位置，就一直保持放在那个位置，用完之后马上放回原位。

我并不是一开始就是这么做的，而是遭遇好几次主办方没有准备转换器而延迟开课，高跟鞋磨破脚跟走不快而迟到，忘记收拾充电线而折返酒店的抓狂经历之后，总结出来的经验教训。

丢东西事小，重要的是干扰情绪，影响发挥状态。我认为，专业人士不仅要业务专业，也要状态专业。你是气定神闲地交付服务，还是忙里慌张地交付服务，客户的感受是完全不一样的。**如果你能做到连客户的感受都照顾到，你的专业度才是难以复制的。**

（2）每天花5分钟时间整理

结束一天工作之后，花5分钟时间整理。**第一是整理手机，**把手机里当天收到的重要信息归档。比如今天新认识一位朋友，我会在微信名片里记上第一次见面的信息；朋友换了手机号就赶紧更新手机通讯录；把不重要的照片删掉，值得纪念的照片上传到云盘，等等。**第二是整理随身物品，**扔掉手提包里收银小票等杂物；补充新的湿纸巾和创可贴；把弄乱的物品归整到固定位置。**第三是整理思维，**用手机便签软件记录下当天的心得体会，有用的资讯素材收藏到专门的文档里。

这些动作虽然琐碎，却往往能在关键时刻帮大忙。有一次我需要在17点之前给朋友寄出一份重要文件，当时联系不上朋友，我无法问到地址。幸好在某次群聊中朋友发过她的地址，我顺手复制粘贴了一份在微信名片里。于是我赶紧找到备份，在规定时间内寄出了文件，解了燃眉之急。

如果你仔细观察，会发现工作中很多交互确认简易信息的时间是可以不用浪费的。比如询问地址、电话或邮箱。只要在第一次用到的时候，花5分钟时间整理，让工具帮你记忆，你就能杜绝掉很多紧急情况，更能从容地去完成需要大块时间专注的工作。

整理大脑

2. 模板思维，聪明人的懒办法

机器的记忆是被动的，它只能按照你的设计记住内容，人脑的价值就在于创造规则，好让机器按照你的需要记忆内容。**对自由职业者而言，一个人要像一家公司一样高效运转，就需要为机器不断创设规则，从而让机器成为你的“义工”，为你“免费”工作。**

有很多机构和社群邀请我去讲课，需要我提供形象照、个人简介、课程内容大纲、报价方案等信息。如果每一次都做一份简介是很费事儿的，于是我综合多家机构的需求用office软件做了一个标准模板保存在手机里，并在网盘备存一份。这样一来，即便是在地铁上我也可以用手机5分钟更新完一份完整翔实的课程介绍，及时发送给合作方，敲定一场合作。

每当经手一件事情的时候，我都会下意识地问自己：**“这件事情能不能做成模板？这件事情用工具软件能不能处理得更快？”**起初我只是为了提高效率少做一点重复性的工作，结果“模板思维”无形中竟让我成了好几个领域的教练。

（1）职业规划咨询师的教练

职业规划咨询实务中涉及大量信息收集整理工作，比如来访者信息收集、职业信息调查、咨询报告信息整理等。这些工作必要又费时，常常1.5小时的一场咨询，我需要花2小时做信息收集工作。于是，我开始调动“模板思维”，问自己：哪些工作可以用工具模板优化？

每次发word文档给来访者填写个人资料的时候，来访者需要把文档从手机转到电脑上，用office软件才能打开填写，填完之后再回传给我。而我每一次备课的时候，都需要不断去查找这些信息，对双方来说都非常不方便。

于是我用在线表单工具“金数据”设计了一套表格来收集咨询来访者的信息。在设计表格的时候也有很多讲究，比如能用选择题回答的就不用问答题；开放性的问题尽量拆解成几个小的确定性问题来收集信息；针对不容易回答的问题还要根据逻辑思路一步一步引导填表人整理思路，从而收集到有效的信息。

举个例子，我需要收集来访者第一份全职工作的信息。下面两种不同的题设，你觉得哪一种更容易让来访者回答？

题设一：请描述一下你第一份全职工作的经历。（问答题）

题设二：分拆成几个小问题

① 请问你第一份全职工作是通过什么途径入职的？（选择题）

□朋友推荐　□师长推荐　□内部推荐　□现场招聘会　□招聘网站投递简历

② 这份工作你做了几年？（下拉菜单）

（1~20年的滚动选择按钮）

③ 在工作期间，是否得到过升职加薪？（选择题）

□得到过一次升职加薪 □得到过多次升职加薪 □没有得到过升职加薪

④ 在这份工作中，你遇到过最大的一次挑战是什么，当时你是怎么做的？（问答题）

⑤ 离职或准备离职的原因是什么？（可多选）

□按资排辈，年轻人上升空间少

□工作内容单调重复，没有兴趣

□压力大，无法胜任

□薪资不满意

□不认同公司文化

□人际关系复杂

□经常加班

□经常出差

□个人或家庭原因

□其他（ ）

很显然，第二种分拆式的提问更有利于来访者一步一步整理思路，给到我需要的有效信息。虽然第二种提问设置对表单设计者来说更费时，但是先花四十分钟设计好表单，降低填表人的回答难度，既能方便填表人，又能保证收集到的信息的效用。长远来看，则为表单设计者节约了不少时间。

把信息收集从word文档变成在线表单还有一个好处，那就是填表人可以直接在手机上填写，填写完毕之后我自动会收到提示，不需要再提醒对方回传，而且可以随时随地用手机查看表单信息。这让我的办公空间大大扩展，不再局限于办公室或者电脑附近。

“模板思维”看起来是复制粘贴的偷懒行为，实际上它需要操作者对事件进行深度分析，才能提炼出可供复制粘贴的内容，即做事的逻辑。“模板思维”无形中推动着我不断去“解剖”咨询工作中的各个环节，带来的结果就是：我除了自己能做咨询外，还能教会新手咨询师快速掌握咨询实务技术，成了新手咨询师的教练。

（2）社群活动运营官的教练

在我做社群运营的时候，“模板思维”照样帮了我大忙。一开始我完全没有社群活动经验，只能“摸着石头过河”。第一次线下活动做得惨不忍睹，活动时长超时、成本预算超支、场地环境昏暗……费了老大劲儿却没达到预期，我问自己：**哪里做得不好？如何优化？能否用工具实现？**

于是我把“一场线下活动”拆解为活动前、活动中、活动后三个部分，每个部分再罗列出必须要做的事情，为了方便团队成员理解又绘制成了表格。

须做事情 活动顺序	人	事	物	时
活动前	跟主管沟通	沟通方案	活动方案	20 天前
	邀请嘉宾	确定活动主题	嘉宾资料表	18 天前
	跟团队沟通	确认分工	分工手册	17 天前
	联系场地负责人	确定场地细节	场地需求清单	16 天前
	找设计师	确定海报设计	海报需求表； 海报设计素材包	15 天前
	文案人	写文案	提供素材包	12 天前
	物料专员	清点物料	物料分装	2 天前
	联系参与者	发送温馨提示	准备物料包	1 天前
活动中	嘉宾	接待	准备好设备等	当天
	参与者	引导	发放物料等	当天
	工作人员	沟通	相互配合	当天
活动后	嘉宾	致谢	发嘉宾活动照片	当天
	参与者	收集反馈	反馈电子问卷表	当天
	工作人员	总结复盘	优化到工作手册； 相关资料整理归档	当天

每个环节中凡是能形成模板的内容都做成标准操作手册，

比如《嘉宾邀请话术》《参与者温馨提示》《物料清单》《场地确认清单》等。凡是能用工具软件实现的就不用人力，比如《嘉宾资料收集表》《参与者反馈问卷表》《团队分工》等都用电子表格或者协同软件完成。

很快我就形成了一套“如何做好一场线下活动”的SOP（Standard Operating Procedure，标准作业流程）。这些宝贵的资料和经验不仅是我培训社群活动运营官的基础，还是我为想要实现自由职业、打造个人事业的咨询客户提供的附加值。

当年轻人跟我诉苦说“工作重复简单没含金量”时，我常常会反问他：“既然已经如此熟悉你的工作内容了，那么你能在两个小时内教会一名零基础实习生胜任你的岗位吗？如果能，你就离升职加薪不远了。”这就是我强调“模板思维”重要性的原因，因为当你具备“模板思维”能力的时候，你就不再是简单的执行者，而是有全局思维的管理者了。**一项能力真正的掌握应该以你能传授他人为衡量标准，**这也是为什么在钻石人生图中，我们对知识的定义是：掌握程度超过平均水平。**实至，自然名归。能力到了，晋升跃迁只是时间问题。**

（3）活动文案写作的教练

我并没有想过有一天会做活动文案写作教学，可是当我用“模板思维”去写文案的时候，自然而然就抓到了核心。慢慢地，“文案写得不错”成了我“个人事业孵化”之外的第二大标签，朋友只要做大型活动都会找我帮忙写文案。

其实我的学习方式很简单，你估计都已经猜到了。没错，就是“模板思维”。提炼模板最快的方式就是去看看优秀的文案是怎么写的，我找来几篇主题类似的文案通读一遍，然后问自己：“哪些地方触动了我？”下面是我总结的一些要点：

好的标题很重要。标题能否在一秒钟内引起读者的兴趣决定了这篇文章是否会被打开。活动文案的标题最好能直接点明活动的亮点和价值。亮点的提炼可以从嘉宾和内容上挖掘，比如嘉宾履历光鲜、经验独特、分享内容稀缺，等等。举个例子，假如你邀请到一位刚刚完成了环球旅行的90后姑娘做分享。这位嘉宾可能没有光鲜的履历，但是经历很独特，分享的内容比较稀缺，就可以在标题上重点突出。像《普通白领环球旅行300多天只花了1万块，她是怎么做到的？》听起来就会比《看完了世界，我遇到了更好的自己》更有吸引力。

排版很重要。有的活动标题还不错，点击进去一看首先映入眼帘的就是加粗红色大号字儿，然后是花花绿绿的配色、乱七八糟的网络图片，真的很辣眼睛。虽然活动文案不需要设计得像时尚杂志一样精美，但至少视觉友好。字号不宜过大、配色不要超过三种颜色，配图使用高清图片，就能达标。

嘉宾介绍很重要。嘉宾是一场活动的灵魂，好的活动运营官应该能够支持嘉宾更好地呈现内容。嘉宾通常很忙，没有时间主动来告诉你该怎么呈现他的内容，文案人就需要自己去挖掘。如果时间充足，可以跟嘉宾约一个10分钟的快速访谈，问一些关键问题。如果时间有限，就可以用《嘉宾资料收集表》来帮你采集有效信息。通常我会附带请嘉宾填写分享内容的亮点的示范表，这能帮助嘉宾更快速地填写表单信息。

本次分享您的题目是？ *

本次分享，您分享的主要内容是？ *
示范：

1、5000元如何玩转欧洲

2、旅行路上常用的英语对话

3、一个人旅行安全那些事儿

读者体验很重要。“用户体验”一词最早运用于互联网产品设计领域，随着现代人生活方方面面互联网化后，“用户体验”实际上已经渗透到了各行各业。一篇活动文案怎么体现“用户体验”呢？那就是文案人把自己变成读者，优化一切对读者来说不清楚、不方便的地方。比如提炼3~5点活动价值，相当于在回答读者“我能收获什么？”的疑问；明确描述活动适合的人群，相当于在回答读者“什么样的人适合参加？”的疑问；贴上活动地点路线指引图和交通方式，节省读者自己查询路线的时间；简化报名方式，降低读者行动的难度。

如果能做到上述几点，你就能写出一篇让人舒服的活动文案。同样地，我也用“模板思维”形成了一套“如何写出一篇好活动文案”的SOP，在团队伙伴、咨询客户需要的时候提供智库支持。

（4）巧用工具，移动办公

我之所以认为未来是自由人的世界，除了社会、经济原因之外，还有技术原因。智能手机的广泛使用，4G、5G网络的普及，打破了传统的工作生活模式。地域上，只要有网络你就可以在世界各地办公；时间上，只要懂得运用工具你就可以创造“分身”24小时工作；资源上，只要掌握协作技巧和英语，你就可以跟世界范围的人才联机工作。

养成整理的习惯，掌握“模板思维”，配置好工具软件，你一个人就能像一家公司一样运转。下面我总结了几个对于自由人而言非常好用的工具：

公众号。靠写公众号年入百万的红利期已经过去，不过我还是认为职业人都应该有自己的公众号。对百万粉丝的大号来说，公众号是媒体，是产品，是商业模式。**而对个人来说，公众号更像是你的个人网站，你的职业名片。因此，请像女主人打理会客厅一样打理你的公众号吧。**取一个富有个人色彩的名字，写一段展现你愿景的简介，放一张有人情味的图片做头像，根据你的优势设置好菜单栏，放上你精心生产的原创内容，让新老朋友每次驻足都是享受。

娜里跑

女性商业践行式学习社群——闺蜜力量Bestie创始人、青年作者，和3000位女性一起商业实修，相互赋能支持，收获丰盛人生。在这里跟大家实时分享我的商业实修心得和学习、旅行见闻。

106 Original Article(s) 1447 Friend(s) Following

微信。很多人把微信当作办公、通信工具，如果你能建立一套检索规则，微信还能像数据库一样实现强大的存储、检索功能。尽可能把你通讯里的朋友按照“昵称–职业/产品/服务–城市”备注上名字，比如前面故事里提到的Sally，我为她备注的名字是Sally–体制内–二宝妈–南充。后来，我遇到一位同样是体制内工作的二宝妈咪咨询客户Yolanda时，我就想起了Sally，就介绍她俩相互认识。因为有非常多的共同话题，即便相隔千里也像老朋友一样，很快两位妈妈就创办了全能妈妈社群，我这个媒人也是相当惊喜。

因为工作的原因，我从来不删聊天记录，这样当朋友跟我对话的时候，我能从上次聊天记录中快速进入状态。另外我加了很多群，不过我会设置群消息免打扰，每天群聊里各种信息根本是看不完的，也没必要看完。当我需要的时候，我就用搜索功能检索。

比如想去泰国旅行，就搜索“泰国 旅行”，群聊里提到过“泰国旅行”的内容就能很快被检索到，非常方便。**让信息为你服务，而不是被信息淹没，你需要的只是懂得设计规则。**

金数据。讲“模板思维”的时候介绍过金数据，对于从事个人事业的自由人而言，用金数据做需求资料收集、客户评价反馈、嘉宾资料收集、会议议题征集等都非常方便。值得一提的是，表单工具只是呈现方式，更重要的是设计表单的逻辑。不同的题设逻辑，会影响收集到信息的效用，具体可回顾上文。

印象笔记。印象笔记对我而言已经不只是一款效率笔记软件，它已经成了我的“线上大脑”，记录着我工作生活的方方面面。我用印象笔记保存咨询笔记，跟进咨询进度，收集写作素材，记录灵感创意，管理家庭成员保险单据，等等。记录是一件非常神奇的事情，只要记录的时间足够长，在某个单点记录的内容足够多，就很容易形成体系。关于印象笔记的使用技巧有很多，感兴趣的读者可以阅读这方面的优秀图书《Evernote超效率数字笔记》。

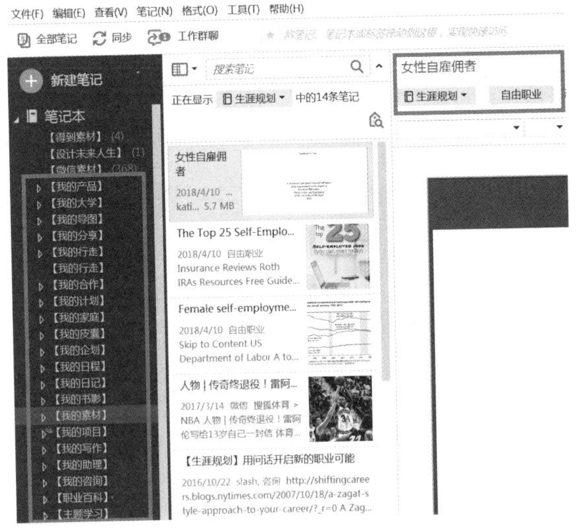

百度网盘。为了避免重要数据丢失，在印象笔记之外我还搭配使用百度网盘，将一些重要的资料备份到网盘里。网盘的分享功能也更方便用手机一键分享，弥补了印象笔记的一些不便。

跟使用微信一样，定义合适的标签是快速检索的基础。假设你要在几百张活动照片里找一张合照，一张一张浏览会很费事儿。那么可以在上传照片的时候，就把引用概率大的几张照片备注上名字。需要用的时候，都不用翻文件夹，直接在首页检索关键词“合照”即可。

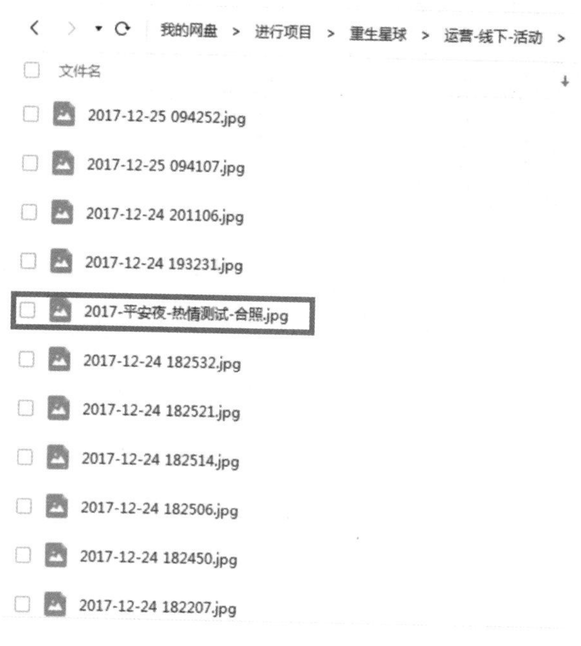

细心的你可能已经发现，我做的很多工作都是**“麻烦现在，方便未来”**，例如先花一个小时设计《来访者信息收集表》，是为了日后在每次使用的时候能节约10分钟时间；每天花5分钟整理工作流程，是为了日后能在2个小时内教会一名实习生；活动结束后花半小时把照片上传到网盘并编辑好标签，

是为了日后能够在1秒钟内找到需要的资料。正是这些一点一滴的效率提升，节约出来的时间才能让我每个月只用工作20天。**效率是整理出来的**，正是这个意思。

石墨文档。印象笔记、金数据、网盘适用于单点场景，在协作场景中则需要用到石墨文档。这是一款可供多人同时在线编辑的文档，对于小型团队来说很方便。在组建闺蜜力量团队时，我们的成员分散在全国各地，没办法在线下会面办公。我们就用石墨文档来共创文章、优化流程、探讨方案，实现云端移动办公。

试想一下，如果每个人都能具备高效移动办公能力，企业和组织还需要雇用这么多全职员工吗？上班族还需要每天花两三个小时挤公交地铁吗？节约下来的时间陪伴家人、体验生活、旅行看世界多好。我认为企业和组织不应该惧谈“自由人移动办公”，相反应该创造条件让员工具备并发挥这种能力，这是未来企业吸引、留住优秀人才的趋势。

三、别让情绪成为你的“效率杀手”

1. 打造自由职业需要过的情绪关

从体制内离职，探索自由职业的时候我经历过很长一段没有收入的恐惧时期。尽管恐惧有时候能激发潜力，但不是所有人都有这样的心理承受能力，一不小心可能适得其反。因此，在有一份能满足温饱收入的工作之余探索第二职业是比较稳妥的路径。不过稳妥的路径又容易让人滋生惰性，还真是两难啊。对此我的建议是：**明确人生关键词，制订重生年计划，给自己定一个主题学习，用一年时间持续投入。**

如果你已经陷入了恐惧该怎么办呢？首先，承认自己的恐惧。恐惧是你的自我保护本能，并不可耻。其次，理解恐惧是一种感觉，并不代表事实。最后，要知道事物都有周期，恐惧情绪也不例外。随着时间的推移，投入正向活动，你最终能够走出恐惧。

接纳情绪

自问自答是我很喜欢的一种缓解负面情绪的方法，你也可以试试。假设现在你因为没有收入而觉得很恐惧，请参考下面的示范进行练习：

①现在你的感受是什么？

回答：我感觉很恐惧。

②什么事情让你恐惧？

回答：我没有收入，银行卡里的积蓄在减少，现实没有好转的迹象。

③你能描述一下这种恐惧带给你的身体感受吗？

回答：我感觉胸很闷、心跳加快，但是又动弹不了，像是窒息了一样。

④像是窒息了一样？听起来像是死亡的恐惧，对吗？

回答：是的。

⑤那你存在真实的生命危险吗？也就是说，你真的会死吗？

回答：我想我不会。虽然没有收入让我很恐惧，但是我还不至于死掉。实在不行，我去刷盘子也能挣到钱，不至于饿死。

⑥听起来好像情况并没有那么糟糕，对吗？

回答：嗯……好像是。

⑦除了刷盘子，还有什么方法可以让你“不至于

饿死”呢？

回答：跟朋友借钱、回父母家蹭饭、找一份工作、兼职、打零工……方法挺多的。

⑧ 没错，你很有方法呢！现在，可以告诉我，你还恐惧吗？

回答：没那么恐惧了，只要动起来有事情做就没那么恐惧了。

⑨ 看来是闲出的毛病咯？

回答：哈哈，你真幽默。

这个练习方法的要点在于**“拨开情绪的迷雾，看到事实的真相”**，对于缓解恐惧、焦虑、不自信都有帮助。动手做一做，你的感受会更深刻。需要注意的是，这个方法可能会牵动深层次的创伤，如果感觉自己无法继续可以暂停，或者请求专业人士的帮助。

2. 管理情绪前，先识别情绪模式

当情绪产生时，想办法调节只能应一时之急，更好的方法是找出你的情绪模式，提前预防或干预。还记得我说整理是件神奇的事情吗？每天晚上我会在印象笔记的日程表里记录当天的情绪心情，并从0分到10分，给自己的状态打分。

项目	内容
时间	2018 年 7 月 16 日
情绪指数	4~6 分
感受描述	下午感觉有点疲惫，没有精神，不想做事，低落
事件诱因	上午用脑过度
我的行动	去运动房运动健身，出了很多汗
效果反馈	情绪从 4 分恢复到 6 分，又有了干劲儿
总结	劳逸结合，运动健身对我有效

持续记录一段时间，你就能捕捉到一些情绪规律的蛛丝马迹。比如生理期前容易情绪波动，多项任务截止日期前容易暴躁，信用卡还款日前比较脆弱，等等。找到这些**“情绪地雷”**之后，就能制定相应的**“情绪降落伞”**，达到情绪波动“软着陆”的效果。

假设根据情绪记录，你发现自己属于“生理期前容易情绪波动”型，就不要在生理期前给自己安排太困难的任务，以休养生息为主。如果多项任务扎堆儿容易让你情绪爆表，那就要提前做好规划，错开截止日期。如果每到信用卡还款期时你就容易焦虑，那么最好减少一些不必要的开支，早日把信用卡债还清，彻底扫除这个情绪地雷。

相反，你也会发现当特定事情发生时，你会感觉愉悦，这就是**“情绪兴奋点”**。把这些让你高兴的事情收集起来，就成了你的**“情绪糖果”**。情绪低落的时候“吃上一两颗”，能让你快速从情绪旋涡中恢复。下面是我总结的“情绪糖果”，看看有没有你喜欢的。

※吃一小块芝士蛋糕

※喝一杯奶茶

※做“芯调频”冥想

※看喜剧电影哈哈大笑

※跟闺蜜打电话

※打扮自己

※洗澡

※睡觉

※给自己买束鲜花

※给自己做顿健康餐

※去健身房锻炼1小时

※独处看书1个小时

※记录心情日记

※约朋友吃饭聊天

※给朋友提供帮助

※完成一篇文章

※完成一次讲座分享

※去喜欢的酒店住一晚

※来一场说走就走的旅行

3. 如何度过成长过程中的低谷期

希望你能理解，尽管我强调不要让情绪吃掉你的效率，也分享了我认为有帮助的解决方法，但并不代表我认为可以消灭负面情绪。我认为负面情绪跟正面情绪一样，也有价值。**事实上，当你回顾过去时，你成长最快的时期往往都在低谷期。**

电影《超体》中，当露西还是凡人的时候，面对突如其来的绑架和血腥，她手无缚鸡之力，惊恐得就像一只虎口中的羚羊。当变身超体的时候，她无所不能，没有恐惧，没有疼痛，然而也没有了人性。

作为正常的、有人性的普通人，在负面情绪和正面情绪之间波动实在是太正常了。正如只有昼夜交替才能产生生命一样，我们也只有在积极和消极的情绪中，才能体会到人性。

为什么人们这么厌弃负面情绪呢？为什么这么怕把人生过得一塌糊涂呢？因为人生没有范本。就目前的认知而言，每个人的生命都只有一次，正因为只有一次，我们特别怕后悔和遗憾。“早知道……就好了”的话语最具有杀伤力。

在这样的思维模式之下，我们很难找到跟自己和解的办法。爱因斯坦说：**“同一层面的问题，不可能在同一个层面解决，只有在高于它的层面才能解决。”**那么关于成长过程中的低谷期，我们不妨站在生命的高度来思考。

假如设计这样一个游戏：你一出生就设定好了死期，你知道自己会在何年何月何地走完自己的生命。这个结局你不能改变，但是整个生命过程你可以自由安排和设计。那么，你会怎样设计你的一生？

问问自己：“如果我知道我的死期，我还会在意一份温饱的工作吗？”

我的答案是：不会。如果我知道我的死期，我的每一天都在倒计时，温饱稳定对我来说就已经没有意义了。我更愿意每天都去做一件这辈子没有做过的事情。比如趴在墙角下，看蚂蚁搬运米粒；坐在草地上，看天上的云朵变幻旖旎；去一家书店，从喧嚣待到寂静。毕竟我知道我的死期，每一天都在倒计。

问问自己：“如果我知道我的死期，我还会觉得挣的钱不够多吗？”

我的答案是：不会。如果我知道我的死期，我会清楚当我咽气的那一刻，所有的财富都会成为浮云。月薪两千跟月薪两万，并没有什么实质差异。因为当我咽气的那一刻，我不会去数这辈子我挣了多少钱，我只会去回忆这辈子我做了哪些事情，认识了哪些人，有哪些美好的时刻。同样地，留给子女一万，还是留给子女一百万，也没有什么实质差异。有一万，他们会有一万的欣喜和焦虑；有一百万，他们就会有一百万的欣喜和焦虑。生活该经历的，他们终将经历。

问问自己："如果我知道我的死期，我还会担心爱上的不是最对的那个人吗？"

我的答案是：不会。如果我知道我的死期，所谓的"对的人""最爱我的人""我最爱的人"都不会永远陪伴我，我终将会一个人离去，能带走的只有回忆。而对于回忆而言，所有的外界评判都抵不过内心的真实感受。

问问自己："如果我知道我的死期，我还会担心创业失败吗？"

我的答案是：不会。如果我知道我的死期，跟死亡相比，创业失败又有什么可惧？就像一道题，我解过了，只是答案无解。感受和体验成了最后的要紧之事。为未来每一分钟的担忧，都将损失掉当下每一分钟的拥有。虽然这只是一个假设，我们并不确切知道自己的死期。但是，我们确切知道自己终有一死。中国人忌讳谈死，但是死亡视角往往能带给我们更多的启发和思考。

把困惑你的问题都套用这样的句式："如果我知道我的死期，我还会……"你会发现糨糊一样的逻辑瞬间厘清。我们时常深陷其中，难得抽身自察。当我们用生命全局的、终局的视角来审视的时候，看起来极大的问题变成了极小的问题，被我们忽略的极小的细节变得极大。

我想继续把这个问题假设得更近一步，假如我知道我的死期，就设定在80岁的那一天吧（是的，我还是希望长寿的）。那么，从今天算起我还有624个月，约18980天。

从今天开始我知道了我的死期，每一天都将成为倒计时，我会选择更勇敢、更释然地去生活，每一天都去做一件不曾做过的事情，不为未来担忧任何一分钟，只是过好每一个一万八千九百八十分之一。

当你理解生命就是体验的总和，你所厌弃的低谷期就是你生命的一部分，那么就无所谓好坏了。接纳它，然后穿越它。我想活着，又不被生活所役，大概就是这样的状态吧。

四、如何练就"好运体质"

1. 你已经很努力，为什么还没有逆袭

你清楚了人生关键词，了解了自己的优势，制订了一年重

生计划，每天坚持用四维度打卡。你很努力，也取得了一些成效。渐渐地，你发现自己进入了瓶颈期，努力的成效越来越微弱，你甚至开始怀疑是不是自己不够努力？等一等，很有可能是你问错了问题。以色列管理大师艾里·高德拉特在他的畅销书《目标》中提出了“制约理论”来解释当系统中存在明显制约条件时，在制约条件之外的投入都是浪费资源。

假设有一条分为三个环节的生产线，第一个环节的效能是100，第二个环节的效能是40，第三个环节的效能是100。除非提高第二个环节的生产效能，否则即便第一个环节、第三个环节的效能提升一倍，即增加为200，最终的效能也只有40。

“制约理论”在生产领域适用，那么在个人成长领域是否也适用呢？前三章我们已经探讨过，个人成长也是一种系统，其中包含多个要素。

不同成长阶段运用的系统还不一样，“钻石人生图”在探索自我、积蓄力量的时候适用（详情请回顾第四章）。而当你已经基本完成个人定位，开始进入加速发展时期的时候，就需要用到另一个系统，我称之为：**黄金五角星。**

第一个“角”是个人竞争力，指个人知识、能力方面的综合实力；第二个“角”是个人效能，指对时间的运用效率；第三个“角”是财产，指能由你自由支配的资金或产业；第四个“角”是人脉，指有助于个人成长的人际关系；第五个“角”

是健康，指身体素质。

黄金五角星

就你目前的人生状态而言，五个角的贡献值分别是多少？按照0~10分给自己评分。贡献值的意思是指该模块在你个人成长中起了多大作用。以我个人为例，我目前能实现自由工作态生活，主要得益于个人竞争力和个人效能模块，这两个模块的评分能打8分。财产、人脉、健康对我成长的贡献值不突出，分别是3分、4分和5分，也就是说目前我的成长主要是由能力驱动的。

对大部分上进好学的普通青年而言，健康、个人竞争力、个人效能的贡献值都不会太低，低分多数落在人脉和财产两个“角”。这就是拉低个人加速成长系统的两个制约条件。按照高德拉特博士的“制约理论”，在人脉和财产两个制约条件之外的投入都是浪费资源。这下你就会明白自己明明能力不差，也很努力，为什么却还没有开挂？

既然是普通青年，想要一夜暴富提升财产贡献值几乎是不可能的，能做的就是做好储蓄，学点理财知识，更重要的突破口在人脉这个“角”。人脉贡献值每提高一分，整个“黄金五角星”的势能就会大幅提升，这才是突破个人加速期的正确姿势。

2. 你认识再多牛人，跟你有关系吗

很多年轻人对人脉有两大误区，一个误区是认为凡是经由人脉得来的成长都不是真才实学，另一个误区是认识的牛人多就是人脉。前者是自大，后者是自我安慰。

著名投资人巴菲特评价他的搭档查理·芒格说：“他（查理·芒格）拓宽了我的视野，让我以非同寻常的速度从猩猩进化到人类，否则我会比现在贫穷得多。”连巴菲特这样的顶尖人才都需要与优秀者合作，普通人又怎能妄想全靠自己就取得成功呢?

至于你认识的牛人再多，跟你有关系吗？现在就是把马云、马化腾、刘强东的微信名片给你，你觉得你跟他们会有交集吗？**真正的人脉关系是建立在价值对等之上的。注意，价值对等不是说身价对等。**

也许你现在年收入只有5万元，但是你有50万元的胆识和能力，就可以跟年入500万元的牛人合作50万元的生意。价值对等合作关系就能建立。经由合作，你得以近身学习年入500万元的

人的思考、做事方式。然后，你就有了达成500万元合作的胆识和能力，得以跟年入5000万元的牛人合作，而你的收入也从最初的年入5万元变成了年入50万元。这个假设可能比较理想，但是道理是相通的。

如果你能理解人脉关系是建立在价值对等之上的，那么你就能理解为什么有的人总是路遇贵人，人脉质量越来越好。而有的人，一手好牌却打得稀烂。因为前者一直在做价值对等的事情，而后者一直在消耗价值。

我在一个大咖收费群里听到了一个最能说明这个道理的故事。事情是这样的：这位大咖有一名学员，学了课程后一直在践行，每写一篇文章都发给大咖请他转发。刚开始，大咖提携后辈就帮学员转发了。有一天大咖终于忍无可忍把这名学员拉黑了。原来，这名学员跟大咖唯一的互动就是请老师帮他转发文章、问老师问题、找老师要资料。用大咖的话说：**我愿意为学员服务，也乐意让别人用，但是我不能接受被人像手纸一样地用——不用的时候晾着，用完就扔了。**

这位大咖老师分享的故事让人唏嘘不已，也引人深思。在职场中，想要收获高质量的人脉关系，就不能老想着别人为你做什么，而要多想想你能为别人做什么。这方面，我的闺蜜兼事业合伙人——资深形象设计师丁杨晨曦，就做得特别好。

3. 如何练就“好运体质”

2017年冬天，晨曦邀请我参加海南行动派伙伴圈年会。一到酒店她就跟我分享了一个惊喜消息：“娜娜，还记得你在成都帮我梳理的2018年计划吗？我提前完成了一项！”

“真的啊？瞧把你高兴的，快说快说。”

“我2018年计划里有一条去巴黎进修美学的计划，前两天我收到一个朋友的信息，问我明年4月有没有时间参加他们纽约时装周的一次游学活动，请我去做形象顾问。我当然有时间啦！然后，我多说了一句：好神奇，我的计划是去巴黎，没想到是去纽约。结果你猜怎么着？对方说他们3月也有去巴黎的项目，我要是有空的话也可以参与。我一听就惊呆了，我当然有时间啦！起初我还在想要做多少个形象咨询、培训才能攒够去游学的经费，这下一下子全搞定了！”

巴黎游学

听完之后我也被惊呆了，缓过劲儿来一想：这种好事发生在晨曦身上本来就很正常，在她身上从来不缺少好运事件。因家庭环境的原因让晨曦对爱情一直不抱期待，曾一度抑郁到喝醉酒游进大海里，最后不知道怎么被捞起来的。眼瞅着这辈子都跟爱情无缘的时候，默默在身边守护了四年的真爱姚先生又让晨曦相信了爱情。

姚先生对晨曦的好，好到我这种爱情呆瓜都能看出来。当时活动现场少了些物料，晨曦一个电话姚先生马上就驱车赶到，前前后后帮晨曦妥贴地接待嘉宾和朋友。晚上大家一起去小酒馆聊天，晨曦嘟囔了一句“有点冷”，姚先生立刻就去车上取来外套给她披上，担心不够保暖又呼哧呼哧地把自己的上衣扒拉下来塞给晨曦加上。一波连环“甜蜜暴击”，羡煞一众旁人。

前几年，晨曦生完孩子还没足月就投入到高强度的创业中，累到横着进医院，每天要经历两次插管进胸腔灌药的痛苦。后来也是非常好运地康复了，现在又是活蹦乱跳，到处打飞的学习、上课、做培训，活得越来越美，也越来越精彩。

给我的感觉，晨曦就像是长了一身“好运体质”，总是能吸引各种才华横溢的人才，遇到“一语惊醒梦中人”的贵人。跟晨曦认识越久，越能明白“好运体质”不是天生的，而是后天练就的。从晨曦身上我发现了练就“好运体质”的三个锦囊。

（1）锦囊一：雪中送炭

有一段时间，晨曦每周都抽空去一位姐姐家。我问她为什么？她说："这位姐姐创业失利，经历了比较大的变故，整个人状态不太好，也不爱出去社交。我也帮不上什么大忙，就每周去陪她聊聊天、喝喝茶、散散心，免得她一个人胡思乱想。"

每个人都有选择朋友的喜好，有的人不喜欢书呆子；有的人不喜欢段子手；有的人不喜欢老好人。但是，我想没有人会不喜欢能在你困难时雪中送炭的朋友。所以，晨曦能跟所有人做朋友，而且都能成为交心朋友。

（2）锦囊二：锦上添花

俗话说：锦上添花不如雪中送炭。可是晨曦不这样认为，她觉得朋友遇上好事，干吗要避嫌回避，搞不好人家还以为你嫉妒呢。所以，但凡遇到身边朋友有什么值得高兴的事情，她都会"身体力行"一起庆祝。朋友出书了，晨曦一定是第一个下单购买的人，而且还会认真地写一篇读后感分享给大家；又或者是朋友开餐厅了，晨曦一定是第一个去订餐的人，然后还要拍美照"四处炫耀"；朋友瘦身成功了，晨曦会用她形象设计的专长为朋友重新挑选适合的新衣服。

总之，晨曦的逻辑是：如果我是朋友中过得最好的那个人，说明我的圈子有问题。中国人忌讳炫富，不是因为不想，而是知道多数人见不得别人好。如果一个人不仅不会嫉妒你过得好，还会衷心祝福你更好，你说你会不会跟这样的人好？

（3）锦囊三：成人之美

海南行动派伙伴圈圈主交接的时候，晨曦提议由刚离职处于间隔年的Yuki担任新的伙伴圈圈主。后来我问过晨曦为什么要这样做。她说：我已经找到了我的热情，家庭事业都趋于稳定。Yuki现在正处于转型期，她比我更需要这个平台。

乐于成人之美，简直太符合晨曦的风格了。帮助女性发现自己的美，不单单是晨曦的职业愿景，更是她的人生使命。只要能帮助他人成为更好的自己，她都不吝出力。有的人觉得晨曦资源特别好，机会特别多，好事儿经常来，那是因为晨曦每天都在想怎么帮助他人。

大家都希望自己身边能多一些乐于助人的人，都乐意跟这样的人交朋友、搞事情、掏心窝。如果你觉得自己努力了很久还没有起色，不妨跟晨曦学习这三个锦囊练就“好运体质”。

五、未来的学习模式，是学徒制的回归

1. 未来10年，真正应该学习的是什么

最近几年各种付费课程琳琅满目，让人眼花缭乱。手机里

没买过一两门线上课程，都不好意思说自己是爱学习的人。很多人说这是“知识付费”的时代，我觉得不够准确。同样是讲营销，一堂《我是如何在30天内卖光10套房》的课程会比《营销心理学》更受欢迎，前者是实战后的经验，后者是理论上的知识。**与其说人们是在为知识付费，不如说是在为经验付费。**

为什么经验变得比知识更重要了？这跟我们所处的环境变化有关系。一百年以前，交通不是很便利，互联网也还没有出现。一个典型年轻人的人生大概是这样的：跟着鞋匠师傅学手艺，然后开了一家鞋店，娶了镇上杂货店老板的女儿，去过最远的地方是距离小镇50公里远的县城，人生最大的遗憾是没有上过大学，不然他就能穿着工装在工厂里工作。于是，他告诉他的儿子一定要好好读书考大学。

一百年以后，情况大不一样了。飞机13个小时就能从地球一端飞到另一端；一根网线就能足不出户了解天下事；年轻人平均每三年就要换一份工作；大学生在大一学的知识到大三就过时了；智慧柜员机取代了曾经被认为是“铁饭碗职业”的银行柜员。世界变得越来越快，也越来越不确定。

面对不确定性，有多少确定性的知识就显得没那么重要了。硅谷知名孵化器Y Combinator（简称“YC”）在遴选创业项目时表示：比起有没有斯坦福商学院学位，我们更感兴趣的是你有没有经历过真实的创业。

现代教育系统的建立是基于工业时代的背景，即：为工厂、企业培养听从指令的工人、雇员。而当工业时代向信息时代转型的时候，企业、组织不仅需要有知识、能解决确定问题的人才，而且还需要有经验、能解决不确定问题的人才。而后者，是很多大学生不具备的，所以“毕业就失业”也就不难理解了。

当专门提供知识的学校不能满足学生获取经验的需求时，学生就只能另谋出路。**把学费交给有经验的人，这就是学徒制的回归。**

在中世纪的欧洲，想要自立门户的工匠需要先在师傅的店里工作7年左右的时间，独立完成一个项目，然后交给行业协会审核。审核通过后，才能获准成为师傅，招收自己的学徒。传统的学徒制，师傅和徒弟之间通常有着年龄悬殊和辈分差距的情况。现在的“学徒制”完全有可能在同辈之间进行。

我的助理炼炼，是一名出生于1993年的重庆妹子，大学念的是工程建筑专业，毕业之后没有从事跟专业对口的工作，而是进入了教育培训领域。我跟炼炼相识在职业生涯规划培训课程上，当时她是课程的助教。炼炼做事认真细心，亲和力强，后来我创办重生星球社群时，就邀请她协助我运营社群。

每个月1000元的津贴对炼炼来说相当于免费劳动了，不过炼炼却不这么想。与其花几万块钱去学习营销理论知识，还不如在项目中实战操练呢。就这样，炼炼在重生星球项目上工作了一年，直到回重庆老家。在这一年时间，炼炼参与见证了重生星球社群从0开始，做到在成都本地小有名气的全过程。从头到尾负责了三场大型活动的筹备，在这个过程中不仅发现了自己会务管理方面的优势，还链接到了秦阳、SusanKuang、企鹅妈妈Alice等大咖。

一年的社群运营实践让炼炼快速成长，即便没有新闻学、传播学方面的学位，也并不妨碍她收到多家公司的运营岗位邀请。我相信，更美好的未来正在等待着她。

2. 城市游学，把城市变成你的私人定制教室

师傅不会自己找上门，要想学到宝贵经验，只有主动走出去才有机会。只要有场景的地方，就能学到经验。我们每个人生活的城市，其实就是最好的实战大学。

城市游学

前面我分享过利用地铁广告学习海报设计的故事，你也可以在城市中去发现你感兴趣的学习场景，比如到宜家去学习家居设计，到沃尔玛去学习商品陈列，到星巴克去学习品牌营销。这种学习方式的优势是场景感强，可以直接从商家花费了大量投入的最终成果中快速捕捉要点。而劣势在于对学习者的观察、分析能力要求比较高，吸收到的经验也比较零散。

如果想要有人指导你学习，线下社群活动是个好地方。在成都寸土寸金的太古里商圈上，有一家机构叫啡信。他们开放自己的空间场地，为各种社群免费提供场地、免费黑咖啡和免费投影音箱设备，甚至连A4纸都免费提供。因此，吸引了很多社群在啡信举办活动。如果说星巴克改变了白领办公的方式，在公司和家之间开辟了第三空间，那么啡信改变了成都年轻人过周末的方式，在商场和电影院之间开辟了社交学习的第三空间。

越来越多的好奇青年喜欢周末去啡信逛逛，看一下有没有自己喜欢的活动。通常这里的活动只收取少许茶水费，一张电影票的钱就能在啡信听到刚刚环球旅行回来的旅行达人的分享；听到头马演讲冠军的演讲技巧分享；还能听到知名外国语英语老师传授英语学习的正确方法……

除了听分享，你还可以加入社群成为志愿者，这样就可以近身跟着优秀前辈学习。可以说，发现学徒机会最便捷的地方就是社群了。

目前，各个领域都有很多优质的社群，下面我就推荐几个有代表性的社群。有机会，可以去参与这些社群的活动，也许就能发现你的学徒机会，收获比理论知识更有价值的宝贵经验。

3. 一些值得关注的社群

★拆书帮（全国性社群，搜索公众号“拆书帮”）

拆书帮是一个专注阅读的社群，支持成员把书中的知识转化为自己的能力，让知识为自己所用。目前在全国有30余个正式分舵，遍布全国20多个城市，分舵每周举办线下活动。

——席梦婷，拆书帮运营负责人

★自由会客厅（全国性社群，搜索公众号“自由会客厅”）

自由会客厅是一个帮助新时代青年实现职业自由的成长平台，是自由职业者、斜杠青年、轻资产创业者的聚集地，通过定期举办线上线下主题沙龙、工作坊以及交流会，链接各行各业的自由人，共同探索自由不设限的无边界人生。

——林安，自由会客厅创始人

★EnglishUp放肆说（区域性社群，搜索公众号“EnglishUp放肆说”）

EnglishUp放肆说是一个为个人和家庭提供地道美语发音的英

语学习社群，你可以在这里通过优质线下精品小班、线下口语实践活动、线上纠音训练营等方式实现“自信开口说英语”的梦想。

——倩倩老师，EnglishUp放肆说创始人

★青禾向上（全国性社群，搜索公众号“青禾向上”）

青禾向上是为个人提供职业能力科学测评产品，为组织提供专项人才发展测评开发服务的平台。现平台首创开发了国内第一个非暴力沟通专项测评。同时平台已上架社群运营、中层管理、远程协作组织等领域的专项免费或付费测评。

——于佳禾，青禾向上CEO

★头马俱乐部（全国性社群，网址：Toastmasters.org）

Toastmasters为会员提供一个安全的、互助的、有反馈的个人成长环境，系统地帮助个人提升沟通表达能力和领导力，从而实现自信的全面进步。大部分的头马俱乐部每周一次会议，每次会议两个小时左右。

——Jack，成都区域2018—2019俱乐部发展副总监

★笔记侠（全国性社群，搜索公众号“笔记侠”）

笔记侠是中国最大的新商业知识干货笔记共享平台，目前为70万企业决策及管理层提供最前沿的全球商业演讲、顶尖商

学院课程、经典商业书籍、深度专栏等学习笔记，深受全国侠客们的称赞和喜爱。全国各大区每月组织分享活动，培养优秀笔记达人。

——柯洲，笔记侠创始人

★WorkFace全球创业者社群成都分部（全国性社群，搜索公众号“WorkFace成都”）

WorkFace社群倡导“所有人服务所有人、所有人向所有人学习、所有人支持所有人”的“三所有”价值观，建立创业者与创业者之间的联结。每周四晚定期组织主题例会跨界分享，参与主题例会，与各界创业者进行跨界链接。

——敏姐，WorkFace成都发起人

第七章
新手如何开启个人事业

一、主题式学习，互联网时代学习的正确姿势

1. 毕业后，该如何学习

学生时代，我是典型的学霸，高考数学满分150分，我考了147分。多年的题海战役锻炼，我自以为是会学习的人。然而进入大学之后，我发现自己不会学习了。没有了考试大纲、固定教材、习题模拟卷、月考诊断考，多的是琳琅满目的选修课和各种参考书目，我感觉自己掉进了知识的海洋，却不会游泳。

惯性地，我被有明确考试要求的事情吸引，比如英语四六级、托福雅思考试、口译翻译考试，等等。作为非英语专业学生，却把很多时间与精力放在各种英语考试上，倒不是我喜欢

英语，而是我习惯有系统教材和复习提纲的学习方式。多么可笑啊！但这就是事实。

多年的题海战役锻炼，让我成为了会考试的人，却不是会学习的人。等到毕业以后，情况就更糟糕了，工作中连英语四六级这样的明确考试都没有了。

当然，职场中有很多职称考试，但是跟学生时代截然相反的是，考试不再是你评优的唯一标准，而是你的入场券。就像你高考考了666分，能证明你是优秀的学生，获得清华大学的录取，但是通过司法考试，并不能证明你是优秀的律师、法官，而只是有了成为律师、法官的资格而已。两者的区别是非常大的。可是我们已经习惯了学校那一套评价标准和学习方式，面对职业社会，反而不知道如何学习了。

通过这几年的摸索和试错，我慢慢总结了一套社会人的学习方法。所谓社会人，是相对学生的一个称谓，即离开校园步入职场的工作人士的总称。学生的任务是熟练地掌握知识，而社会人的任务则是熟练地解决问题。目标不同决定了形式的差异，学生为了熟练掌握知识，需要的是理解、记忆、举一反三，最后给出问题的正确答案。而社会人为了熟练地解决问题，需要的是分析、拆解、各个击破，最后提出正确的问题。**所以，社会人的学习实际上是一个提出问题、验证答案的过程。**

不同的学习方式

学习类型	学生	社会人
能力要求	记忆、理解、举一反三	分析、拆解、项目管理
学习目标	正确回答问题	有效解决问题
训练模式	题海战术	结构化思考，系统化做事

2. 社会人的学习，始于提问

历史上，凡是在各自领域取得突出成就的人，无一不是善于提问的人。

正是问题激发我们去学习，去实践，去观察。

——鲍波尔（维也纳自然科学和社会科学家）

我没有什么特殊的才能，不过是喜欢寻根刨底地追究问题罢了。

——爱因斯坦（著名物理学家）

提出正确的问题，往往等于解决了问题的大半。

——海森堡（德国著名物理学家）

生活的智慧大概就在于逢事都问个为什么。

——巴尔扎克（法国著名小说家）

创造始于问题，有了问题才会思考，有了思考，才有解决问题的方法，才有找到独立思路的可能。

——陶行知（中国著名教育家）

因此，社会人的学习，第一步就是要学习如何提问。作为职业规划咨询师，我经常收到这样的问题："老师，你说我是该出国还是考研？""老师，我不知道自己适合什么工作，怎么办？""老师，我学的是金融，但是我想从事心理咨询方面的工作，我该怎么办？"

在我看来，这些问题都不是真正的问题，只是现象而已。真正的问题就像冰山一样，我们看到的、感知到的只是水面上极小的一部分，更本质更核心的问题其实深藏在水面之下。探究方法很简单，就是继续追问问题。

以出国还是考研这个问题为例，问问自己为什么想出国，又为什么想考研，出国的顾虑是什么，考研的顾虑又是什么……如此不断追问，可能到最后你会发现真正的问题是：**你不知道自己要什么。**那么真正需要解决的问题是"了解你要什么"，而不是"出国还是考研"。

3. 社会人的学习，以解决问题为导向

有了正确的问题之后，第二步就需要有解决问题的思路，我称之为思维模型。我自己比较喜欢的思维模型是立体式思维，即从不同角度去思考同一个问题。

苏轼有名诗一首：横看成岭侧成峰，远近高低各不同。不识庐山真面目，只缘身在此山中。只从一个视角，很难看到全局。人总是倾向于接受跟自己相同的观点，而对于不同的观点则会选择性屏蔽，所以刻意让自己看到事情的不同面向，更有利于社会人解决问题。

继续以“我要什么”这个问题为例，按照立体式的思维，我会分别从书本、网络、人物、实践四个维度去找寻答案。首先我会把关于发现自我的经典图书通读一遍，然后对于其中感兴趣的人物我会深入了解。比如我在看潇洒姐写的《女人明白要趁早》的时候，就对潇洒姐产生了浓厚的兴趣，我觉得她的人生就是我想要的状态。于是，我到网上去检索了她的信息，关注了她的微博，观看了她的讲座视频和访谈。通过她的经历，我大概有了方向。接着，我会学习一些跟自我认知相关的课程，通过课程掌握一些知识和工具，然后拿自己做实验，这就进入了实践的部分。最后，我还会观察身边已经知道自己要什么的人，去跟他们交流请教，请他们给我一些建议。

至此，我就对“我要什么”这个问题有了立体全面的了

解，也就有了解决问题的思路。第三步就可以小范围地验证自己的思路。在验证的过程，确定的部分就保留，有疑惑的地方就继续提出问题，然后用思维模型去分析，得出结论进行验证。你会发现，这就像俄罗斯套娃一样，随着你思考的深入，你会发现大问题里又有小问题，在不断提问、分析、结论、验证的过程中，自然地你就成了这个话题的达人，甚至是专家。

倒过来看，你其实就是在围绕一个主题进行学习，不断地搞清楚一些分支，然后就成了你的知识树，你的知识系统，这就是社会人的学习方式——**主题式学习**。

4. 一年为期，主题学习

按照主题学习的思路，每年我都会给自己定一个学习主题。2016是天赋潜能主题学习，2017年是自由人移动办公主题学习，2018年是内在力量主题学习。

年度学习主题是怎么确定的呢？我的方法是在每一年11月到12月的时候，开始思考下一年自己想要专注解决的问题。而这个问题是在当下特别卡住我的地方，换句话说就是如果我想在下一年有一个跨越式成长，我需要重点突破的内容。

2015年的时候，我刚从体制内离职，我不知道自己应该从事什么工作，不知道自己的优势和方向在哪里。所以，我把2016年定为天赋潜能主题学习年，在那一年花重金学习，体验了各种跟探索自我相关的课程、流派。一边学习一边自我试验，一边提出问题，一边验证答案。经过一年学习之后，我逐渐清楚了我在咨询方面的天赋，走上了符合我内心指引的道路。

这时候，我又想在工作生活方式方面有所改变，我想自由办公，不想朝九晚五上班打卡，于是我把2017年定为自由人移动办公主题学习年。同样在那一年花重金添置了能够帮我实现移动办公的软件工具，提升那些能够支撑我活成自由人的能力，比如写作和演讲。我开始在全城移动办公，然后是全国移动办公。

同样地，到了2017年年末我又开始思考当下阻碍自己进一步成长的卡点，我发现虽然自己已经明确了职业方向，也在自己的领域做得不错，但是我的自我疆界还不够，我想走到哪里都很舒服，跟任何人相处都很自如，我的心态能更平和。于是，我把2018年定为内在力量主题学习年。运用立体式的学习思路，花钱上课、找老师咨询、拿自己做实验、看相关图书等等。不到一年，我就感觉到了变化，内在力量的提升不仅让我在咨询的时候更能敏锐感知来访者的深层问题，还让我在人际关系处理上更加游刃有余。

跟现在网络上宣导的快速学习、多内容学习相反，我提倡以一年为周期的主题式学习。前文已经介绍过，社会人的学习是以解决问题为导向的，而问题的解决需要的是从认知到行动的贯穿，没有核心的单点技能学习就像没有根的树枝，是没有意义的。相反，如果你的根系很发达，你并不需要有很多树枝，也能稳稳地生长在这个世界上。

二、为什么你一直努力地“穷”着

1. 一切不以输出为目标的成长都是自嗨

有的年轻人很努力，上下班在地铁上收听音频，工作间隙要阅读几篇励志文章，晚上还要上网课学习。可是不知为何，他的生活还是没有实质性的变化。换句话说，他的财富并没有增加。

难道成长就一定要跟金钱挂钩吗？这是不是拜金主义呢？很抱歉，如果你不是等着继承几千万的富二代，如果你还需要工作来换取生活的资本，那么你的成长就必须跟金钱挂钩。金钱，或者说货币，本质上是价值的体现。一瓶可乐售价3元，是指为了生产这瓶可乐花费了接近3元的人类劳动力。也就是说你想增加收入，让社会支付你5万元而不是5000元的薪酬，你就需要拿出更多的价值来交换。**这跟你是否努力学习没关系，而是跟你的学习是否能创造价值有关系。**

创造价值

企业家之所以比普通人拥有更多的财富，就是因为企业家单位时间为社会创造的价值更多。有一次凌晨，我叫了一辆网约车去机场，路上跟司机师傅聊天。四十出头的司机师傅有两个孩子，为了补贴家用，工作之余就专门跑夜间车。“晚上车流量少不堵车，大部分是长途，比白天挣得多。”司机师傅对自己的策略很满意，话里带笑地跟我分享他的开车经，“如果不是平台公司提成高，我还能挣更多。哎，这些公司太压榨人了。”从司机师傅的角度看，他辛辛苦苦跑了一晚上，好不容易挣到一千块就要被平台抽走两百，平台还不用像他一样通宵工作。这听起来是有点让人不平衡，可是当我们换个角度来想，平台搭建网约车系统，每个晚上都能帮助成千上万名司机挣到补贴家用的收入，这个价值自然值得平台公司“躺着挣钱”了。

可以说，“创造价值”已经融进了企业家的血液里，他们无时无刻不在想着为他人创造价值，这已经成了企业家的天性。我曾经在一堂学费高昂的课程上认识了一位女企业家，她是我迄今为止活生生见过白手起家拥有财富最多的女性。

课堂间隙，大家请这位女企业家分享一些有钱人的思维方式。她告诉大家，有钱人很爱惜金钱，她身边很多比她有钱的富豪会把钱包里的钱叠得整整齐齐，以此表达他们对金钱的尊重。我听到这里，冒出一个问题："现在大家都用手机支付了，很少用现金，那又如何'表达对金钱的尊重'呢？"就在这时，上课铃响了，大家都回到座位开始进入高强度的学习。很快，我就忘了刚才的插曲。

再一次课间休息的时候，这位企业家女士找到我说："娜里跑，你刚才那个问题我给你分享下我的想法哦。尊重金钱并不是说尊重那一张张百元大钞，而是尊重金钱的本质。"那一刻，除了疑问得到解答的恍然大悟之外，我内心还特别触动，没想到自己一个不经意的问题居然能让这位行程忙碌的企业家女士一直惦记着。

然而事情还没有结束，下午的课程上我向老师提了一个问题，老师的回答没能让我完全理解。下课之后，企业家女士又找到我说："娜里跑，你刚才那个问题我给你分享下我的想法哦……"事实上，我已经忘记了她说了些什么。我只记得一种感觉，就是我面前这位成功女企业家无时无刻不在探测周围的需求，然后尽力去提供她所能提供的价值。在旁人看来，也许认为她的成功是因为商业嗅觉灵敏，总能发现市场商机；而我认为她的成功，是因为善于发现周围未被满足的需求，尽力去提供价值满足需求的自然结果而已。

因此，对于想要获得财富成长的年轻人而言，在努力学习的同时，还需要努力学习为他人创造价值。不要让努力本身迷惑自己，只有当你的努力能为这个世界创造更美好的未来时，你的努力才是有效的，也才能带来生活的真实改变。

2. 有价值的输出倒逼有价值的输入

有的年轻人行动力很强，一听说输出才能带来真实的成长，就开始不断输出。我见过一位小伙伴常常写文章分享他的生活记录：今天吃啥了，看见啥了，做了啥……通篇流水账式的记录没有任何含金量，这样的输出即便是坚持一年也很难获得成长。后来，我委婉建议他不妨从写读书笔记开始。看完一本书，记录下这本书中带给自己的收获。于是，他开始写读书笔记了。（谢天谢地，我终于不用再看他的流水账日记了。）

一开始，他写得还是像流水账：第一章在讲什么，第二章在讲什么……慢慢地，他开始有了一些感觉，能够融入自己的感受和观点了，并且开始刻意去学习如何写好一篇读书笔记。有价值的输出倒逼有价值的输入，现在这位小伙伴每个月都要阅读好几本书，并且从阅读中逐渐发现了自己的兴趣领域，然后专注在兴趣领域中不断深入学习。如今，他已经有了自己的公众号，偶尔还能收到一些付费约稿，他开始尝到价值输出的回报了。

3. 找到自己舒服的方式输出

尽管写作是最低成本的输出方式之一，但并不是所有人都需要通过写作来输出。每个人有自己的优势，用自己的优势方式输出更容易产出价值，也更容易坚持。关于优势的探讨，我们在第四章有详细描述，可以回顾复习。

在探索适合自己输出方式的过程中，免不了会经历一番曲折，不过一切都是值得的。我的一位来访者Velly是一位工作认真负责、心灵手巧的妈妈，有了宝宝以后就辞职回家成了一位全职妈妈。一开始，Velly觉得做全职太太的生活很没有价值，于是她开始走上了自我探索之路。

在咨询中，我们共同回顾了Velly的很多故事：在大学里从一个创意到独立制作完成了一部视频片子，给朋友亲手制作手工生日礼物，工作细心投入多次获得升职加薪……从这些故事中提炼出Velly在细节类事务执行和美感方面的优势。之后，Velly就开始了有价值的输出。她运用自己细心耐心的优势为一位老师提供公众号编辑服务，在此期间倒逼自己学习PPT设计制作和图片设计。同时，Velly也开始尝试写作，记录自己的成长心得。这些尝试带给Velly很多成长，不过似乎她还没有找到自己舒服的输出方式。

庆幸的是Velly没有放弃探索，她很看重给家人创造有品质的生活，每天坚持为家人制作营养早餐，并在社群里分享自己的早餐食谱和照片，不知不觉影响了很多妈妈加入她一起践行早餐打卡。通过“营养早餐”这件事，Velly串联起了照顾家人、美感创造、分享价值的意义，越发觉得“发现美创造美”才是她最舒服的输出方式。于是，Velly重新拿起了相机，拍人物、拍风景、拍美食，开始学习如何把生活中的美更好地呈现出来。她的写作内容也从个人成长延伸到了摄影日记、健康食疗，开始用文字分享健康的生活方式。

我们说不以输出为目标的成长都是自嗨，坚持输出才能带来持续成长，而最好的坚持就是生活本身。比如像Velly一样发现自己过生活最舒服的方式，那么过日子本身就是成长。

三、如何快速学会一项新技能

1. 技能学习中的“二八定律”

19世纪末，意大利经济学者巴莱特在研究英国人的财富和收益模式时发现大部分财富流向了少数人手里，即：社会上20%的人占有80%的社会财富。这个发现被称为“巴莱特定律”，又称“二八定律”。后来，人们发现“二八定律”不仅适用于财富分配，还适用于很多领域。

比如，一家企业80%的利润来自20%的高利润业务；一支销售队伍80%的业绩由20%的销售精英贡献；一组投资组合里80%的收益来自20%的项目……

二八定律

在个人成长中，80%的成长也来自做对了20%的事情。比如明确了自己的人生关键词，进而有方向、有重点地快速发展。在开启个人事业前期，没有太多外力可以借助，常常需要一个人分饰多种角色，完成多种任务。比如作为一名私人助理，你可能既需要会公众号编辑，又需要会海报制作。一个人哪有那么多时间样样从零开始自学？这时候就需要分清哪些技能是需要深入钻研达到专业水平的，哪些技能只需要基本掌握就可以。**对于只需要基本掌握的技能，20个小时的有效投入足**

以从小白到业余水平，覆盖80%的运用场景。

关键就在于这20个小时应该投入到哪里。我的经验是，投入到“二八定律”中那些能带来最大效益的20%的部分。那么在学习一项新技能的时候，什么是重要的20%呢？

2. 黄金圈法则

这里我们就需要介绍一个重要思考模型——**黄金圈法则**。黄金圈法则是由知名营销专家西蒙·斯涅克提出来的，他认为伟大领袖之所以能激励出伟大的行动，是因为他们遵循“为什么—如何做—做什么”的言行方式。

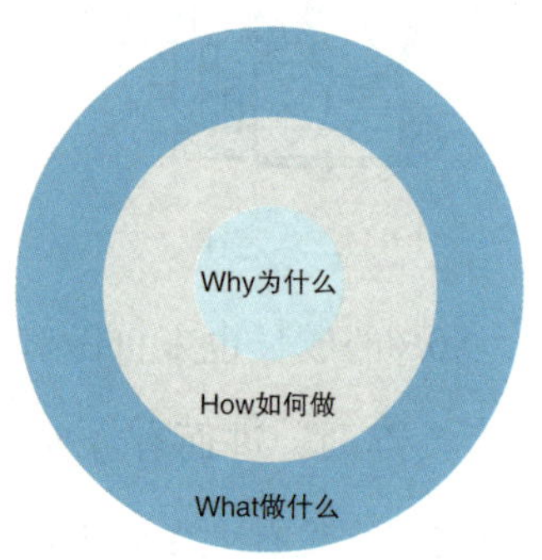

黄金圈法则

西蒙·斯涅克用苹果电脑的例子来阐释黄金圈法则是如何影响他人决策的。通常电脑公司在介绍自家产品的时候这样说：“我们做最棒的电脑，设计精美，使用简单，界面友好，你想要买一台吗？”而苹果公司是这样表达的：“我们做的每一件事，都是为了创新和突破。我们坚信应该以不同的方式思考。我们挑战现状的方式是通过将产品设计得十分精美，使用简单，界面友好。我们只是在这个过程中做出了最棒的电脑，你想要买一台吗？”

前者重在强调产品有什么功能和优势，而苹果公司是站在意义层面跟消费者沟通，赋予消费者以意义感——你买的不只是苹果电脑，还是“买”一种追求完美、突破创新的精神。因此每一个在闪着银白色苹果背光灯背后工作的人，仿佛都不再是普通的工作者，而是在进行创新的自我挑战者。苹果公司因为搞清楚了20%的重要部分——价值比功能更重要——进而撬动了消费者80%的购买意愿。

3. 关注意义，而不是关注形式

同样地，在技能学习的过程中大部分人的做法跟普通电脑公司一样，都在关注“做什么”，也就是技法层面。比如，学习动画技巧来让PPT更生动；学习肢体动作来让演讲更吸引人；学习各种修辞手法来让文章更优美。这些方法当然都有用，但并不是那重要的20%。

“你为什么要学习演讲、写作和PPT”才是重要的20%。你是要成为演讲专家、作家或者是PPT设计师吗？也许都不是，你只是需要通过演讲、写作和PPT来帮助你更好地表达自己。那么真正该花工夫研究的不是如何做好一场精彩的演讲，写出一篇10万+阅读量的文章，做出一个动画酷炫的PPT，而是应该先研究“表达”，即如何让他人轻松地理解你想要传达的有价值的信息。这时候，表达的逻辑就比技巧更重要。

因此，我在学习写作、演讲和PPT的时候，没有从具体的写作、演讲、PPT技巧入手，而是先去学习了表达的逻辑。表达的逻辑可以用三个词组来总结：结论先行、以上统下和论证类比，分别指的是在进行表达的时候先给出结论，然后再给出论点证据，陈述论点证据的时候要做到归类分组和逻辑递进。

我大概花了6个小时认真读完了《金字塔原理》这本书，初步掌握了表达的逻辑，然后花2个小时学习了书中的案例，接着又花了4~5个小时找来一些精彩文章和演讲进行对照学习，最后花4个小时准备了一场演讲来检验自己的掌握情况。

整个刻意练习的过程不超过20个小时，之后我就开始上手写作、演讲和PPT。由于把握到了核心关键，即便没有优美的句子、富有感染力的肢体动作和酷炫的动画特效，我也能清楚表达我的意思，覆盖80%的表达场景。

4. 向高手学习

通过运用“二八法则”和“黄金圈法则”，我找到了写作、演讲和PPT的核心关键。花20个小时学会了“表达逻辑”，一举三得地解锁了写作、演讲和PPT制作能力，完成了从小白到入门的学习过程。不过要想成为专家，则需要继续投入时间和精力进行刻意练习。

在我刚开始发展个人事业的时候，并没有太多的学习经费可以支持我参加课程学习。怎么办呢？这时候我想到了模仿学习。写作的基本功都是一样的，但是不同作者的风格不一样，如果我能模仿喜欢的作者进行刻意学习，是不是能突破瓶颈呢？

我很喜欢古典老师的文章，他写作的主要方向跟我关注的领域一致：教育和个人成长。古典老师又是这个领域的领军人物，加上他的文风是我喜欢的风格，没有谁比古典老师更适合作为我写作模仿学习的对象了。

跟自学演讲、PPT一样，我知道古典老师的文章写得吸引人只是结果，我需要找到背后的原因，也就是黄金圈法则中的“为什么”。于是，我从古典老师的公众号中找到几篇最喜欢的文章，然后逐字逐段地进行拆解分析。

以古典老师的《如何在工作中获得更大自由》这篇文章为例，我的拆解分析步骤如下：

第一步：通读文章一遍，标出触动自己的地方；

第二步：从第一段开始逐段阅读，提炼出每一段的作用和使用到的修辞手法；

第三步：记录下各种方式使用的次数。

1 段——开门见山提出主题：如何在工作中获得自由

★ 2~3 段——自己的感受

★ 4 段——举例说明自由和责任的关系

5 段——抛出一个理论

● 6 段——解释上面抛出的理论

★ 7 段——举例说明上面抛出的理论

▲ 8 段——总结性观点

▲ 9 段——又是总结性观点，然后用对比的方法举例说明

▲ 10 段——总结性观点，然后用熟悉的人物阐述说明

★ 11 段——引用一个故事（与观点相反）

● 12 段——解释这个故事背后的逻辑（卖个萌）

★ 13 段——推而广之，用生活常见例子说明，通常能引起共鸣

14 段——基于观点，正反面提出假设

15 段——再次回到主题：如何帮助自己获得更多自由

16 段——短期方法

17 段——长期方法

★ 18~20 段——正反两种人的例子说明

▲ 21 段——提炼观点

★ 22~25 段——说明不太适用观点的特殊例子

▲ 26 段——总结观点

★例子 7 处 ●解释理论 2 处 ▲总结性观点 5 处

◎触动 8 处★▲

拆解学习了古典老师的几篇文章之后，我发现了古典老师写出好文章的“秘诀”。首先，古典老师也遵循了“结论先行、以上统下、论证类比”的表达逻辑。通常会把结论和观点在文章开头就点出来，然后开始进行论证。其次，古典老师喜欢用讲故事和正反举例的方式来辅助说明自己的观点。最后，在每个“论证结论”的小结构末，古典老师喜欢用一句精辟的句子来总结，起到画龙点睛的作用。

总结了古典老师的写作方法之后，我就试着模仿这种结构。先从写读书笔记开始，刻意运用上讲故事、举例子、写金句的技巧。一开始要用一天时间才能模仿写出一篇文章，练习四五篇文章之后，我就熟练掌握了这种写作技巧。继续模仿写出十篇文章之后，我就可以做到融入自己的写作风格了。

这个“不花钱”的方法帮助我突破了写作瓶颈，找到了写作的感觉。如果你正在学习一项新技能，不妨从你关注的领域中找一位你喜欢的前辈，去拆解他的作品，可以是一篇文章、一幅画、一场演讲和一次产品发布会。通过拆解，你不仅能加深对基本功的理解，还能学到更多进阶内容。

5. 慢思考，快行动

每次分享这个写作练习方法的时候，很多人都会问：你是怎么想到这种方法的呢？我要如何像你一样拥有这种思维呢？

我的建议是：**慢思考，快行动。**

人容易沉溺于行动中的快感，觉得只要有事做就是努力。殊不知如果方向错了，停下来就是进步。在行动和思考之间，需要看情况分阶段考量。**假如一个决定会影响你未来三个月的走向，就最好多花一点时间去思考。**多问自己几个“为什么”，花80%的时间想清楚20%的事情。一旦想清楚之后，就快速行动起来，不要追求完美，而是在过程中去完善。

“慢思考，快行动”不仅可以运用在个人成长、技能学习上，还能运用在生活中。有一位陈姑娘大学毕业后一直留在北京打拼，事业小有所成后，她开始计划组建家庭了。跟多数女孩子不一样，陈姑娘没有一股脑儿地投入到一段又一段感情中，而是静下心来思考自己的理想伴侣要求。

她先罗列出自己能想到的完美理想伴侣要求：有进取心、善良孝顺、身高175cm以上、长相俊朗、身体健康、名牌大学毕业、年收入20万元以上、有房有车、同一座城市、父母好相处、无兄弟姐妹、无婚史……

陈姑娘一口气罗列了10多条理想伴侣的要求，接着开始两两对比看哪一条更让她心动。比如A先生有房有车但是进取心欠佳，B先生无房无车却有进取心，看哪个更让她心动。经过仔细对比后，陈姑娘最后选出了五条选项。接着，她回顾了早年几段失败的感情，发现分手的原因确实都是因为一开始就不满足这五条选项。

经过正反交叉对比后，陈姑娘就拿着这五条标准按图索骥去寻找自己的白马王子了吗？没有，她还做了一个让我忍俊不禁的举动，给自己定下了行动指南：五条中未满足三条的一律不理；符合三条的可以接触了解；符合四条的就要主动出击；符合五条的决不放弃。

清晰地知道自己理想伴侣的要求后，陈姑娘就开始快速行动起来，经常去潜在理想对象容易出现的场合，很快就遇到了合适的交往对象。交往过程并不是一帆风顺的，两个人也有分歧的时候，不过陈姑娘的决策逻辑特别简单：只要不违背五项原则，都可以协商解决。一年后，陈姑娘跟另一半步入了婚姻的殿堂，如今婚姻美满、家庭幸福。

这就是慢思考、快行动的价值，舍得花时间先清楚自己为什么容易被某种特质的异性吸引，找到自己看重的择偶条件，才能有的放矢地做出有效行动，也更容易达成自己想要的结果。

四、技能交换，开启你的个人事业

1. 技能交换，低风险获得市场经验

对个人而言，开启个人事业相当于是一次个人创业。创业

中会涉及的产品、渠道、团队、资金等问题，在个人事业中也会出现。假设通过前五章内容的学习，你大致有了个人事业的方向，接下来就需要快速投入市场校准方向。

有的个人事业探索者会有这样一个担忧：个人事业就是我的品牌，如果没有100%准备好，贸然进入市场砸了口碑怎么办？这个担忧其实是不存在的。跟大规模批量生产模式不一样，个人事业生产的通常是个性化的产品/服务，短期面向的客群范围非常有限，几乎不会出现不可挽回的品牌危机。事实上，个人事业由于推出的产品 / 服务是定制化的，更需要在市场的反馈中不断优化。

在小范围内让目标客户体验，然后测试效果迭代升级，这在互联网行业中称为“内测”，是每一款产品都必须经历的过程。想要打造优质的个人事业产品/服务，也需要经过“内测”。个人事业产品/服务跟互联网产品不太一样，前者具有很强的个人定制属性，需要投入的时间和精力比标准化产品多得多，免费内测不实际也不利于个人事业者的长远发展。不妨尝试“技能交换”的方式，用个人事业产品/服务交换客户的优势技能。这样既能测试产品效果，收获案例经验，还能学习到对方的优势技能，对个人事业早期探索者来说是非常有价值的。

技能交换

本书的插画作者LING和我就是通过技能交换结缘的。LING原是一名律师，后来自学画画转型成了一名插画师。LING来找我做个人事业孵化时，正苦于自己没有产品，无法实现技能变现。跟LING进行了两次个人事业孵化咨询后，我建议LING可以把插画服务拓展到个人和社群上，比如LOGO设计、课件设计、公众号头图设计等。LING说她没有相关方面的经验，不知道具体该怎么操作，又是业余自学的插画师，担心没有人愿意购买她的服务。

这确实是个难点，个人事业最需要的就是案例。正巧我也想给自己重新设计个人品牌LOGO，于是提议以“公益价格+咨询”的方式跟LING“交换”设计服务。作为个人事业孵化教练，我指导LING开展个人事业；作为客户，我把整个服务过程的体验反馈给LING。这样LING既能真实地完成一次商业设计，积累相关经验，又能形成客户案例，还能以技能交换的方式获得孵化指导。一举多得，互利共赢，何乐而不为呢？

经过这次技能交换，LING相继出色地完成了LOGO设计、公众号动图设计、文化衫设计还有图书插图设计，由此形成了一套完整的产品雏形。执行过程中跟预期有差异的地方、不方便的地方再进行调整优化，就可以正式推向市场啦。实际上，在技能交换的过程中，LING就已经接到了商业订单，还成为了“视觉中国”的签约设计师，距离她从律师转型插画师也不过一年而已。

我能理解个人事业探索者希望尽快实现技能变现的心情，但是一开始就把自己的产品服务定价太高很容易吓到客户。在前期，收集市场反馈、优化产品比变现更重要。另外，技能交换并不等于“体验装”。道理很简单，对于个人事业探索者而言，技能交换的意义是测试产品，如果不把完整流程跑一遍，不拿出正价销售的质量，又怎么能收集到完整的产品反馈呢？同时如果在技能交换的时候，发现完整提供产品服务推行起来困难，又或者成本高、入不敷出，要做的不是提价，而是调整产品。

举个例子，假如一位健康顾问提供个人健康服务，通过体质测评、饮食调理、运动建议来帮助客户改善身体健康状态。要想达到比较好的效果，整个服务周期需要持续6个月。显然，用技能交换的方式就不太实际。那么可以通过分拆服务的方式，把整个服务拆解成短期内能反馈效果的小服务，用小服务来进行技能交换。

2. 个人事业如何定价

个人事业产品/服务如何定价也是大家容易困惑的问题，我个人的经验是：

定价=最近一份全职工作的时薪×完成个人服务所需要耗费的时间×3。

假设你最近一份全职工作月薪是4000元，按照每个月工作22天，每天工作8个小时计算，时薪就是4000÷（22×8）元，相当于23元/小时。写一篇文案从构思、写作，再到排版大约需要6个小时。那么，撰写一篇文案的市场价大约就是23×6×3，即414元。

为什么要乘以3呢？一是因为不是每天都有客户，等待时期比较长；二是因为定制服务是为一位客户个性化服务，其价值自然比标准化产品大。通过这个公式也可以看出，个人事业者要想提高收入，要么提高时薪，要么提高效率减少时长。

哪些方法可以提高时薪呢？最容易想到的途径就是提高专业度，比如一个新手咨询师和资深咨询师的时薪就不一样。专业度的提升离不开学习再投入，也需要时间的积累。除此之外，还可以通过升级产品/服务来提高时薪。还是以文案为例，写一篇文案收费400~500元，升级服务就可以加上多平台发布及数据分析。将文章发布到常见的平台，收集数据并分析，为客户提供优化宣传的建议。这样收费就可以提高到800元，甚至1000元。当然，这对个人事业者的综合能力要求也比较高。

哪些方法可以提高效率呢？在第六章的时候我们曾讨论过很多提高效率的方法，可以回顾复习。

3. 个人事业到自由人协作

随着你的个人事业服务趋于成熟，出于增加效益的考虑（即提高时薪或提高效率），就有了组建团队的需要。让更专业的人去做专业的事，不仅能提高整体服务的品质，还能提高效率。

便捷的网络为个人工作室创造了条件，只需要通过微信和一些协作工具就可以在世界任何地方跟任何人协作。因此，对于个人事业者而言，想要获得更好的发展不仅需要掌握专业能力，还需要具备良好的团队协作能力。

以LING为例，她擅长插画设计和创意，但不擅长商务谈判，那么就可以找一位擅长商务谈判的小伙伴一起合作。这样LING就能有更多的时间专注在插画技能的提升上。

这样就催生了一种新兴的个人事业方向——个人助理。跟传统个人助理只服务一位老板不一样，新兴的个人助理能同时服务好几位客户，并且可以完全通过在线的方式完成。比如我的咨询助理炼炼，她除了为我提供跟客户沟通、预约咨询时间的助理服务之外，还为其他老师提供类似的服务。

如果你是时间比较充裕的大学生或者家庭女性，不想跟社会脱节，又比较擅长跟人耐心沟通、处理细节事务，那么个人助理会是一个不错的选择。如果你是一位正处于转型期的职场人，想进入一个新领域又缺乏经验，那么也可以通过为这个领域的前辈老师提供助理服务的方式，近距离了解这个行业，链接到入行机会。

五、打造个人品牌三步曲

1. 这是个人品牌的时代

我是“罗辑思维”节目的粉丝，每期节目必看。有一段时间，节目推荐的每本书我都觉得值得看、应该看，于是买回家放在书架上，积了一层灰。直到有一天，我发现墙角里放着“罗辑思维”版的月饼盒子，我忽然觉得有些事情不一样了：我已经很久没有逛过商场了，大部分商品都是推荐购买。

这种现象正在深远地影响商业经济，对个人来说既是机遇又是挑战。在改革开放前，国内物资匮乏，商品都是按需供应，老百姓几乎没有选择的机会。改革开放后，我国经济高速发展，物资商品极大丰富，出现了大卖场和商业购物街。这时候，老百姓的消费原则是“价廉物美”。印象深刻的是，小时候跟妈妈去超市，她会站在货架前仔细地计算10卷装和12卷装手纸哪个更划算。随着改革开放的深入发展，特别是我国加入WTO（世界贸易组织）之后，品牌公司、品牌产品开始流行起来。体现在老百姓的生活中就是空调首选格力的，洗衣机首选海尔的，手纸巾首选心相印的。价格已经不再是消费决策的唯一标准，品牌成了消费者关心的问题，哪怕要为此付出更高的价格。

到了现在，品牌开始拟人化了。消费者会因为喜欢某个人，而选择他/她所推荐的产品，就发生了我在卖书的罗胖那里买月饼的故事。市场上还专门出现了一个新词来形容个人品牌对消费者的影响力——“带货王”，由此可见个人品牌对消费决策的影响力。

对于普通人来说，这是机遇也是挑战。机遇是只要你能在某个领域形成自己的个人品牌，就能辐射一部分受众，搭建自己的个人事业版图。而挑战则是，你不能停止成长，这样才能为你的个人品牌注入源源不断的生命力。

2. 普通人打造个人品牌三步曲

百度百科上对个人品牌的定义是这样的：指个人拥有的外在形象和内在涵养所传递的独特、鲜明、确定、易被感知的信息集合体。能够展现足以引起群体消费认知或消费模式改变的力量。具有整体性、长期性、稳定性的特性。

听起来有点复杂，我用自己的话总结就是：**你如何被别人记住、信任和选择？**记住、信任和选择就是普通人打造个人品牌的三步曲。

个人品牌

（1）第一步：记住

个人品牌的打造不是一蹴而就的，第一步就是要让你的受众记住你。**“记住”的关键不是不会忘记，而是在特定的场景下能够“想起”**。仔细观察商业世界中那些让消费者记住的品牌，常常都是锚定了一个场景让消费者能够想起。

“今年过节不收礼，收礼只收……”

“怕上火，就喝……”

相信这些品牌广告语不用写完整，你都能自动联想到产品。当你在生活中遇到类似场景的时候，脑袋里会不自觉地播放广告语。就像我每次去吃火锅的时候都担心上火，就会想起王老吉的广告，进而选择购买，这就是商家想要达到的目的。

对于个人品牌而言也是如此。要想被人记住，就需要给受众一个场景，将这个场景跟你的产品服务结合起来。一旦受众遇到类似的场景，就会联想到你。如何找到这样的场景呢？我的建议是从你自己出发，看看你经验丰富的场景是什么。

每年12月31日这一天，我都会一个人静下心来总结过去一年的成长，规划新一年的发展。平时，也会经常做月计划和月总结。所以，制订计划就是我经验丰富的场景。于是，在我的个人标签中我就加上了“年计划教练”这个标签。我要做的事情就是不断强化做计划的场景，当大家觉得生活中需要“有点计划”的时候能够想起我。

同理，我在为一位从事理财规划服务的W先生梳理个人品牌的时候，也是重点挖掘他经验丰富的场景。W先生告诉我，他之所以走上理财规划的道路，是因为自己大学毕业的时候没有正确的理财观念，欠了很多信用卡卡债，每个月都要被各大银行的还款日期折磨得吃不香、睡不好。后来，W先生终于下定决心改变现状，重塑消费习惯，慢慢还清了卡债。当所有卡债还完的那一天，他觉得整个人都自由了。

我对W先生说："'卡奴'被还款日期追着跑就是一种很常见的场景，对于这个场景你有丰富的经验，就可以提炼成为你的场景标签，比如'信用卡卡奴终结者'。"W先生觉得有道理，也有一些担忧：有信用卡问题的客户通常现金流不太好，没有富余的能力去做理财配置，似乎并不是理想的客户群体。

W先生的担忧不无道理。不过对于刚入行的W先生来说，客户资源本来就有限，又处于业务精进期，这个阶段培养客户群体是重要的。我反问W先生："当一名月光族在你的帮助下，成功摆脱了'卡奴'的困境，开始进入财富正向积累的阶段，这时你向他介绍你的理财服务，你觉得客户不会选择你吗？"

W先生理解了这个道理，开始从"信用卡卡奴终结者"的标签入手，主攻信用卡科学使用方法，积累了不少青年客户，还在信用卡理财这个细分领域打造了自己的个人品牌。

（2）第二步：信任

当受众记住你的个人品牌标签之后，接下来就需要让受众信任你是"名副其实"的，最直接的表现就是你是不是自己产品服务的受益者。例如我倡导的"用一年时间重生"理念，我自己有没有做到呢？

建立信任最好的方式就是践行你所倡导的东西。我的闺蜜兼事业合伙人、"芯调频"冥想的创始人吴雨芯就用自己的践行在传播冥想的价值。

“情绪调频”其实是一个很抽象的场景，用冥想的方式帮助客户收获平和心境并不像减肥塑形那样容易显化，要想让客户理解并且信任冥想的价值其实蛮难的。

雨芯的方式是在朋友圈记录1000天冥想打卡，如今已经践行了近300天。通过每天记录冥想的心得和对情绪的调节作用，让大家看到：她说的，她都在做，她自己就是产品的最大受益者。

在雨芯身体力行的影响下，她的冥想学员也开始了40天冥想打卡，真切体会到了冥想带给自己的变化，更加信任雨芯的教学和理念，也影响了更多人加入“芯调频”冥想。

我个人非常不提倡用过度宣传的方式来获取客户的信任，从长远来看，这对个人品牌是极大的伤害。**个人品牌不是靠说出来的，甚至都不是靠做出来的，它是通过你生活的状态传递出来的。**就像我通过活出自由人移动办公的状态传递出“自由人孵化”的品牌；W先生通过活出财富不断增值的状态传递出“信用卡卡奴理财顾问”的品牌；雨芯通过活出自在喜乐的状态传递出“芯调频”的品牌。**从这个角度来看，真正的品牌，其实就是做真实的自己。**

（3）第三步：选择

当受众记住了你，也信任你能提供真实的价值，那么在同类服务中，如何让受众决定选择你呢？在品牌公司，价格、品质、售后服务等因素都是影响消费者决策的原因。而在个人品牌领域，品牌拟人化到一个人身上，很难单独从价格、品质、售后服务方面去区分比较，更多的时候综合成了一种感觉，一种“你的经历和我好像，我想成为你的感觉”。

场景让人想起你，经历让人共鸣。如果你的经历中有独一无二的特质，而这种特质恰好是客户希望拥有的，那么它也将成为客户选择你的原因。

我在刚开始从事职业规划咨询的时候，其实面临一个很不利的局面。首先，我不是心理学科班出身，专业上不具有说服力。其次，我没有从事过人力资源管理方面的工作，资历上不具有优势。最后，在同行前辈中，我年纪偏小，对于越老越吃香的咨询行业来说，我更加不具有优势。那么我如何能够在资历丰富的同行当中差异化发展，实现个人突围呢?

我问自己一个问题：**有哪些东西是你有，而别人没有的?** 然后记录下自己的答案：

① 虽然我没有人力资源的从业经验，但是我在创业公司、企业、体制内都工作过，了解不同组织的特点。相较于只具有单一行业经验的前辈来说，我具备多元视角。

② 虽然我年龄小（相对大部分同行来说），但是我更能理解90后的想法，对互联网也更熟悉，学习力比较强。

③ 虽然我不是心理学科班出身，但是我喜欢反思和自我观

察，对人的情绪感知能力比较强。还尝试过许多测评工具，可以从更立体的角度为客户提供咨询服务。

④ 我经历了从体制到自由人探索的全过程，对于想要发展个人事业和自由职业的客户来说，我更有实战经验。

经过这样的逆向思考之后，我就找到了自己差异化发展的标签：多领域的从业经验、多种类的探索工具、互联网的创新方式和自由人的探索实践。

我给自己打磨了一段自我介绍，从此就一直沿用：我是娜里跑，一直在路上奔跑，路的尽头叫自由。曾在创业公司操过心，在500强卖过命，在体制内试过水，回过小城市也重返过大城市，多数年轻人纠结过的我都经历过。

这段自我介绍重点强调了我的多领域从业经历，也因此让我的客户能更直接地了解我的咨询优势。事实证明，很多客户的确也是因为向往我自由人的生活方式而选择我的咨询服务。

接着我又进一步思考：**哪些地方是别人可以做，我能做得更极致的呢？**

① 在咨询结束后，花额外的时间为咨询者提供岗位推荐信息耗时耗力，很少有老师愿意做，那我来做。

② 咨询后来访者的行动是咨询效果的关键，为了鼓励咨询者迈出第一步，我愿意投入额外时间组织社群活动为咨询者创造“成功体验”，提升咨询者的自信。

于是，我就开始这样做，甚至会给咨询客户的产品写文案，支持他们开展个人事业，成为他们个人事业的第一个体验者。链接有同样想法的咨询者相互认识，支持他们迈出第一步。转发他们的文章，冲阅读量，默默地打赏，用心地写留言……

当我这样做之后，我的个人差异优势就慢慢形成了，甚至延伸到了超过职业规划咨询范畴的产品服务形态。给客户提供无可替代的服务，客户自然就会选择你。

3. 打卡小动作，品牌大价值

朋友圈通常是开启个人事业的第一战，如何经营好你的朋友圈对个人品牌打造其实很重要。打卡的确是一种打造个人品牌的好方法，不过也需要打卡姿势正确。简单转发“我在×××坚持阅读第N天”的打卡所能传递的信息很少，顶多传递出你是一个喜欢阅读、能坚持的人，间接表达出上进青年的意味。

朋友圈打卡

如果想要在朋友圈或者微博等自媒体塑造自己的个人品牌，那么打卡就需要更加立体。这个时候重生四维度日程管理法就又派上了用场。用重生四维度的方式打卡，可以很好地传递你的个人品牌价值，它包含五个关键要素：

（1）要素一：话题#用一年时间重生#第×年×××天

第一句话中包含了#用一年时间重生#话题，话题本身能传递出非常强烈的价值观信息。就像NIKE的口号“Just do it”一样，能传递出特定的精神信仰。第几年第几天，能传递出滴水穿石的坚持信念，这不是短期的即兴做法，而是贯穿人生的一种生活理念。

（2）要素二：人生关键词

写出自己的人生关键词，一方面是加深自己的记忆，检视自己的生活是否有围绕人生关键词在投入精力。另一方面，也是非常鲜明的个人特色。比如写出人生关键词“自由、体验、温暖”，相当于告诉别人你想成为什么样的人，你在朝着什么方向努力，有相同价值观的人会一眼被你的关键词击中，产生奇妙的链接。

（3）要素三：输入、输出、开源、固本四维度日总结

四维度的总结能立体地呈现你的生活和追求，朋友圈读者会看到更加真实的你，同时也是有故事的你。在写四维度总结的时候，最好有一些故事性，避免单纯地罗列。如果今天你读

了《牧羊少年奇幻之旅》这本书，那么你可以写成：

【输入】阅读《牧羊少年奇幻之旅》

也可以写成：

【输入】今天看了娜里跑老师强烈推荐的《牧羊少年奇幻之旅》，发现自己也是“牧羊少年”，开始了人生寻宝之旅，当我全心全意追寻梦想的时候，宇宙也会来支持我！

后者比前者更有可读性，能引发大家阅读的兴趣。如果能将每天的四维度打卡都当成一个小的写作作品来完成，对提升写作能力也是很有帮助呢。

（4）要素四：一句话小结

最后有一句话的小结，这句话最好简洁有力且富有哲理，其作用相当于文章的金句。如果原创有难度，可以借用一些代表你心情的名言名句。

（5）要素五：精美配图

在阅读朋友圈的时候，图片比文字更有吸引力。可以选择一些精美网络图片作为配图。如果可以的话，最好用自己当天拍到的具有生活气息的照片。在构图、意境、排列上稍微用心，让图片更有美感，也更容易吸引人的眼球。

#用一年时间重生#第3年第152天

人生关键词: 自由，真理，分享

【输入】
《牧羊少年奇幻之旅》是每年都会重看的一本书。收到咨询客户旅行路上从印度带回来的英文版，今年就有机会读读英文版的感觉😊

【输出】
为期三个月的MC导师计划结束了，跟90后小妹妹分享职业规划，每次见面都会交流很多girl's talk，越发爱上这种面对面的深度链接，走进生命的感觉特别美妙。

【开源】
1.结束了旅行意义的活动，听完嘉宾的分享，远行的心跃跃欲试。
2.链接有共同点的小伙伴聚餐，碰撞中总是有很多灵感。

【固本】
1.冥想打卡60天，目标冲刺100天✌️
2.总结五月，计划六月。一切围绕人生关键词下的年度计划开展。

小结: 经验是获得真知的唯一途径。

（欢迎关注微博话题#用一年时间重生#，查看更多打卡示范）

附录一
“用一年时间重生”的践行故事

用重生年计划开启理想人生

因为多年创业的习惯，我是一个时间管理爱好者，也一直在用时间管理规划我的生活。在2016年认识娜里跑之后，她的“重生年计划”彻底颠覆了我时间管理的认知和习惯，我才发现自己之前学习的都是方法，而娜里跑的重生年计划是底层逻辑。

2017年我专门从海南飞去成都，娜里跑用了8个小时帮我彻底梳理了一套属于我的重生年计划，自此开启了我有“重生年计划”的人生。

我曾经的时间管理都是以项目为管理，但是娜里跑的年计划首先用了各种工具帮助我探索出了三大关键词：自由、美学和影响。随着践行重生年计划，我拥有了内在导航系统，这给我的生活带来了极大的改变。

（一）明确的人生关键词让我拥有说“不”的勇气

我一直都是一个不懂拒绝的人，这个不好的习惯占用了我人生太多的时间，当我可以看到我未来一年的生命全局时，什么该拒绝变得容易了许多。

（二）明确的人生关键词让我拥有持续不断的行动力

“没有毅力”相信是很多人对自己的评判，我也常年这么评价自己。做完重生年计划之后，我发现自己不是没有毅力，而是内心的热情不够清晰。重生年计划在探索环节会帮你找到那个热情点，把热情点化成关键词，就像打开了一个热情开关，关键词就是燃料，是你源源不断的行动力。

（三）明确的人生关键词让我弯道超车

在践行重生年计划的三个月中，我持续遵循人生关键词，不断进行线上线下分享。突然有一天，我收到一个高端美业品牌随团游学法国的邀请，实现了一个重要的梦想清单，而这次游学又为我带来了更多的品牌邀请、游学邀请和出书邀请，就像是多米诺骨牌，一个梦想的实现产生了连锁反应，最终实现了一堆梦想。

我总结一下重生年计划在我身上形成连锁反应重要的关键点，希望对大家有所帮助。

当你探索到内在热情和优势时，就如同拿到了属于你的能量宝剑，不断地浇灌优势会让你加速脱颖而出。而在没有重生年计划指引的时候，我总想让自己全方位发展，学习与输出都不够聚焦，导致精力分散。重生年计划帮助我建立了自己的个人成长系统，让我可以像“箭朝靶心”一样更加专注，即便偶尔遇到干扰的状况也能通过人生关键词再次校准方向。

谢谢大家观看属于我的年计划故事，让我们一起用重生年计划开启理想的人生吧。

丁杨晨曦（微博：@闺蜜力量晨曦）

青年畅销书作者（著有《精致女人必修课——穿出来的梦想家》）

蜕变发生在重生年计划的这一年

年计划常有，而重生年计划不常有，刚开始我就特别好奇娜里跑的朋友圈打卡方式。我自觉自己的计划性比较差，是个比较随性的人，也因为缺乏计划性，有些事情容易停留在“想”而无法“落地”。

在挖掘人生关键词，做自由书写的过程中，好几次被卡住，感觉很挠心。我私下请教娜里跑，经过她的梳理，我慢慢明确了自己的关键词：自由、真实、创造。在确定下自己的关键词的那一瞬间，我仿佛拨开了层层云雾般清晰——这就是我最喜欢的状态呢！我的生命数字中也蕴含着它们，灵魂的本质是创造，人生功课是自律，而自律方能获得自由，天赋是灵活与平衡，这是活出真实必不可少的两个关键。我将一切对应在一起，这三个词深深烙印在我的内心！

在梳理主题年学习方向的时候，我定下了“与金钱关系”这个主题。大家都说金钱是能量，我能理解，但是却无法体会。我也觉得在我心里，灵性和金钱之间似乎有一道鸿沟。于是我希望借由主题年学习来专题攻破，所以我今年读了一些关于金钱关系的书，也在工作中以及与人的合作中去践行与体会，突破自己不敢要价的限制，站在帮助别人的角度来让自己得到发展，开始种下尊重和共赢的种子，而我的月收入，也从1万元提升到了5万元，对我来说无疑是一个象征着“财富自由”的数额呢。

在重生四维度打卡中，我也会特别留意自己的四个象限是否都有兼顾到。我本身是瑜伽老师，知道身心不分家，娜里跑提出“固本”这个环节，我就觉得特别好。幸福不在于你有多少钱，而在于你生活中各个方面都很平衡，所以身体的健康很重要，情绪很重要。但是我们往往会因为觉得自己还年轻，就“挥霍”自己的精力。而当我把每天的注意力放一部分在“固本”上时，我开始了“24节气生活方式”，开始更多地去分享瑜伽的自然活法，开始分享冥想。

践行重生年计划的一年，我也发生了不小的蜕变，而且是可以量化的，这个方法应该让更多人知晓和使用。

吴雨芯（微博：@冥想者吴雨芯）

国际昆达里尼瑜伽教师、芯调频冥想品牌创始人

重生，再次定义了我的未来

首先非常感谢娜里跑老师，在重生年计划里，我感受到了用一年时间重生，静待时间回报的意义。从学习重生年计划后，我在一年的时间里就仿佛开挂了一般，对未来没有了恐惧，反而增加了期待和憧憬。

2017年离职后，我就开始跟着娜里跑老师学习重生年计划，在重生年计划的学习过程中，深刻体会到清晰的重要性。在人生关键词的探索中，我先是根据自由书写，写出我在理想生活状态下想要做的事，最后提炼出三个词：链接、自由、精进。

在人生关键词的指引下又明确了优势路径，比如关键词“链接”下制定了参加线下活动20次的目标，目前为止已经完成；关键词“自由”里制定了3次国内外旅行的目标，今年也

提前完成；关键词“精进”中的运营主题学习，也在顺利推进中，并且在课程学习中保持着靠前的成绩名次。

制作钻石人生图的过程也给我带来了很多惊喜，知道了自己有哪些短板，这些短板该如何加强和补充。了解到还有未挖掘的优势，可以通过组合为自己赋能，给人生目标设置了非常多的可能性。不由感叹，我的人生原来还可以这样。

人生不能用线性结构去片面理解。真正的人生应该是不断重塑自己。每隔一段时间给自己一个支点、增加一个杠杆，坚持并去行动，你将重新定义你的人生价值。

感恩遇见重生年计划，让我体会到：当人生愿景变得清晰后，人生的每一步才真正算数。感恩遇见娜里跑老师，她睿智、通透、多才。从她身上我还学到了什么是真正高级的学习，重生年计划的底层逻辑就是这般高级的存在。

Yuki（微博：@向好运营Yuki）

独立互联网运营顾问

那个帮你打开门的人

第一次听说娜里跑是在一个社群里，看过她写的活动文章，觉得很精彩。真正认识娜里跑是在热情测试导师班，我们一起学习一起复盘，惊讶于她的逻辑思维。深入了解娜里跑是在大理，她面对面给我做重生年计划、个人商业矩阵。准确来说是娜里跑老师让我开始深入地了解我自己。

当我写出自己的关键词，我更加清楚了自己未来三到五年的愿景。清晰是最有力的力量，我们一切的茫然其实均来自两种：不清楚自己要什么和想要的太多。当你足够清晰的时候，你便知道了自己的使命。践行重生年计划就是一个使自己清晰的过程。每一年围绕人生关键词，给自己设置主题学习，让我渐渐安宁于内在，开始提升真正的能力。重生年计划整个系统就像一个由时间、资源、能力所组成的蜘蛛网，让你能轻松地捕捉到你的猎物。从不盲目推崇一个课程一个老师会给你带来多大的改变，很多东西需要的是积累。但是在积累之前，我们需要清楚自己该走哪条路、打开哪扇门。我们都需要一个帮自己打开门的人，让你看到你值得的更美好的未来，至于你要不要出发去实现，最终依然取决于你自己。

娜里跑就是那个帮你打开一扇门的人，希望你也能和我一样，在这本书中发现自己更多的可能，活出更好的自己。

猫小丹（微博：@闺蜜力量猫小丹）

热情测试导师、高校老师

五线小城姑娘成长记

跟很多大学刚毕业的姑娘一样，我对未来也有很多梦想。然而工作中的压力和家人的不理解让我慢慢消磨了梦想的勇气，直到接触到重生年计划，开始了自我探索之旅。

今年2月4日我进行第二次自由书写时，写出了让我心动的一条梦想：增加自我体验，觉察力量变化，勇敢地分享蜕变的故事。在这条心动梦想的启发下，总结出了我的人生关键词：自由、力量和分享。

在人生关键词的指引下，我开始清晰坚定地出发。很快就实现了2018年的一个年计划——和闺蜜旅行。这次旅行不仅滋养了我的身体和灵魂，还让我感受到了闺蜜的力量。灵感启发之下，我和闺蜜们发起了“闺蜜力量”社群，创办了“闺蜜力量图书馆”有声书，启动了“闺蜜力量”线下学习成长小组，希望链接更多的小姐妹们，彼此助力，相互陪伴，明确自己的关键词，每年都能成为更好的自己。

石钰渤BoBo（微博：@石钰渤BoBo）

附录二
重生年计划优秀学员四维度打卡心得

第一次接触重生四维度日程管理法是在娜里跑老师的重生年计划课程上。还记得刚接触的时候，我一边听老师的分享，一边在本子上迫不及待地画“十”字，写上输入、输出、开源、固本，并回忆了自己的一天。

至今已经坚持打卡168天了，中间有8天打卡中断。我很感谢那次中断，它让我明白了一个道理：四维度打卡，不仅仅是打卡。我们在开始坚持做一件事情时都会觉得特别有意义，那么突然中断就意味着自己的坚持失败了吗？其实当我中断的时候也是这么想的，觉得之前的坚持功亏一篑。我不断反问自己：为什么会中断？打卡只是为了坚持而坚持吗？这样的打卡真的对自己有帮助吗？我没有去找所谓的答案，而是回归人生关键词，去享受每天有聚焦的生活。

翠翠，咖啡手工者、餐饮培训师
微信ID：kayao307383484

距离我参加重生年计划学习已经过去两个月了，这两个月我感受到自己内在的变化，也让我对时间产生了“敬畏”之情。

每天按照输入、输出、开源、固本践行四维度打卡，我学会了有意识地去检视每天的生活。当我的注意力放在自己身上时，变化就不动声色地发生了。我喜欢这种不动声色的感觉，喜欢它潜在的力量。这是一种由外向内的自我沉淀的过程。

汪斐，公司职员
微信ID：islandtop

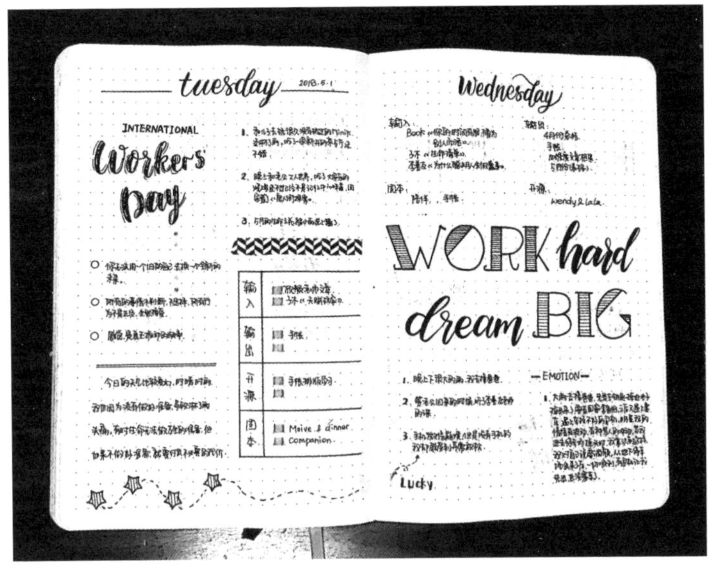

重生四维度创意手账打卡

QY.liang

此刻我坐在窗边翻看着小程序里面的重生打卡记录，自己也没想到居然完成了130次打卡。记得刚开始打卡的时候有点难，不知道写什么，特别是输入和输出，基本上没有内容。娜里跑老师常说："意识到问题就是解决了一半问题。"意识到自己输入、输出少之后，我就开始逐渐加强。因为有记录，我可以清晰地看到自己的改变、突破和成长。在以后的时间里我会一直跟随娜里跑老师的脚步，和同频的小伙伴们践行重生年计划打卡，重生成为那个梦寐以求的自己。

凯利，内业员

微信ID：Kelly168-168

不知不觉中践行重生四维度打卡两个多月了。在这个过程中我不仅拓宽了人脉圈子，提升了行动力，还学会了在人生关键词的指引下安排每天的生活。相信坚持的力量，相信滴水穿石的力量，每一个细小的积累终将能换来更大的改变。坚持践行重生四维度打卡、不断提高自己的行动力，你的人生将由你来书写。就像娜里跑老师说的“和喜欢的人，做喜欢的事，过喜欢的生活”。愿我们都能在通往理想人生的路上，一步步蜕变成自己最想要的样子。

史荣荣，全职妈妈

微信ID：SRR322424

鸣谢

感谢我的丈夫，是你一路的支持和鼓励才让我完成了这本书，能和你一起体验人生是这辈子最开心的事情。

感谢我的父母和婆婆，感谢你们让家成为我最舒适的创作环境。

感谢我的闺蜜丁杨晨曦、吴雨芯、猫小丹、BoBo、Yuki、诗媛、炼炼、倩倩、门冬冬和Melody，你们是我前行路上最温暖的陪伴。

感谢本书的插图作者蒲玲，你的作品让这本书更精彩了。

感谢蔡荣建老师、孙明芳编辑和小妖，让这本书日臻完善。

感谢公众号“娜里跑”的读者，是你们的支持和信任给了我前进的动力。

感谢行动派琦琦、行动派婉萍、秋叶大叔、李海峰老师、萧秋水老师、彭小六、企鹅妈妈Alice、吴秋坪、洪老板、敏姐、杨文艺、范恩泽、王彻、安娑、白夏、三郎、吴晨、程祺、胡冬、李曼、鹿雯立、周毅等前辈老师，感谢你们的赋能和无私帮助。

感谢重生星球社群的陈浩大叔、阿冰、王杰、雷姗、海大星、张莹茜、小歌、小雨、暖心、Sally、Velly、天脉、蛋鸟、小释、西裤、汤汤、玥玥、亲王、杨林、禹鹏、Micky、彩虹妹、丁芸、唐素轩等伙伴们，因为你们我的人生更加丰富多彩。

最后感谢我的咨询来访者们，感谢你们的信任，是你们的信任让我有机会用生命影响生命。